MASTERS METHOD

打てる、伸びる！ 逆転の育成法

「脱・常識」の打撃開花術＆心のケア・名選手成長秘話

内田順三 著
JUNZO UCHIDA

廣済堂出版

打てる、伸びる！ 逆転の育成法

はじめに

大学を卒業してプロ野球の世界に飛び込んで以来、グラウンドにいるのが当たり前の生活を送ってきた。選手として13年（ヤクルトアトムズ・スワローズ5年、日本ハムファイターズ2年、広島東洋カープ6年）、現役引退後はコーチとして37年（広島計21年、読売ジャイアンツ計16年）、勝利のために戦ってきた。2019年限りでプロのユニフォームを脱ぐことになったが、多くの先輩や後輩、球界関係者、教え子たちに恵まれ、本当に幸せなプロ野球人生を送ることができた。心から感謝している。

20年以降は、社会人野球のJR東日本の選手を指導しつつ、「評論家」としても活動を開始。やはり気になるのは、これまで関わった多くの教え子たちだ。堂林翔太《どうばやししょうた》（広島）のようにレギュラー定着を狙《ねら》う者もいれば、坂本勇人《はやと》（巨人）、鈴木誠也《せいや》（広島）ら主軸として活躍する者、阿部慎之助《しんのすけ》（元巨人、現巨人二軍監督）のように指導者に転身した者もいる。誰にどんな言葉をかけ、どんな練習法を伝えてきたか、今でも鮮明に思い出すことができる。

こうした教え子たちとのやりとりや、長嶋茂雄さん（元巨人、元巨人監督、現巨人終身名誉監督）、落合博満《ひろみつ》（元ロッテオリオンズ・中日ドラゴンズ・巨人など、元中日監督）ら大打者からの学びを振り返り、打撃の基本理論や練習法、信頼関係を築くためのコーチング法をまとめたのが本書である。

その中で、巨人時代に濃密な時間をすごした、「キヨ」こと清原和博（元西武ライオンズ、巨人、オリックス・バファローズ）との対談も実現した。素振りを黙《だま》って見ていることから始まったキヨとの関係も、日々のコミュニケーションを通じて、信頼関係が育《はぐく》まれた。苦難もあった彼だが、今は野球をしている息子のコーチでもある。教える難しさを感じているようで、対談では昔話だけでなく、「打撃論」や「指導論」にも花が咲いた。

私には指導者として、大切にしてきた信念がある。生涯を通じて選手以上に学び続けること、先入観を持つことなく球団の宝である選手の可能性を信じ続けること、「作り・育て・生かす」の段階を間違えないこと。プロの世界に来る人間は、なにかしら秀《ひい》でた能力を持っている。それを伸ばし、開花させるのが私に与えられた役割だ。怒ることも褒《ほ》めることもあるが、根底《こんてい》にあるのは、「プロの世界で活躍してほしい」という思い。これに尽《つ》きる。近くにいるコーチが選手の可能性を信じずに、誰が信じるのか。

例えば、04年にセ・リーグの首位打者を獲得した嶋重宣《しましげのぶ》（元広島・埼玉西武ライオンズ、現埼玉西武三軍野手コーチ）。前年までは結果を残せず、戦力外候補だったが、広島のコーチに戻ったばかりの私が「まだ可能性がある。あと1年、時間をください」と、球団にお願いした経緯がある。嶋は弱点の内角を意識するあまり、かかと体重になる課題があったため、真横からトスを上げるティー打撃などで、重心がつま先に乗るように改善を図《はか》った。

遡《さかのぼ》れば、1987年から2年連続で首位打者を獲得した正田耕三《しょうだこうぞう》も、劇的な飛躍を遂《と》げた好例だ。1年目の途中から、スイッチヒッターに挑戦。10メートルほどの距離から、140キロを超えるマシン打撃を続け、トップ（44ページなど参照）から無駄なく振る形を体に覚え込ませた。初めの10日間ぐらいはバットにかすりもしなかった。文字どおりの「特訓」だった。コーチの仕事は、どれだけの引き出しを用意できているかにかかっている。「既成概念」や「常識」にとらわれていては、新しい発想は生まれない。内角に前の脇が空《あ》く金本知憲《かねもともとあき》（元広島・阪神タイガース、元阪神監督）に、「右足を叩《たた》くように振れ！」と言ったこともあった。逆転の発想の育成法、大胆な取り組みこそが、成長につながる。

このように、各選手が開花して大逆転の野球人生に至った様々なエピソードや練習法も本書で紹介しているので、現役選手、指導者、我が子を見守る保護者のみなさんにとって、一部でも野球技術向上のきっかけとなる箇所があれば、これ以上うれしいことはない。

なお本書は、『日刊ゲンダイ』の増田和史《かずふみ》記者にご協力いただいた、同紙での好評連載『名伯楽・内田順三の「作る・育てる・生かす」』などをもとに大幅に加筆し、再構成した。連載をご存じの方にも、きっと楽しんでいただけるはずだ。ぜひ、最後までお付き合いください。

内田順三

打てる、伸びる！ 逆転の育成法 目次

第2章 巨人軍で実践《じっせん》し、進化させた指導法 ～大打者を生む「脱・常識」ドリル～

特別対談 後編

内田順三×清原和博 次世代の選手たち&今後の球界へ向けて 201

第5章

まだある「内田流」打撃メソッド～私の学びの原点、人を伸ばす理念～ 217

巻末付録

第1章

清原和博との打撃再生への道

～復活へ二人三脚で行った練習の裏側～

最初は無視だったキヨが、「僕のスイング、どうですか？」と聞いてきた

読売ジャイアンツで16年、広島東洋カープで21年。「作る」「育てる」「生かす」を信条に、打撃コーチや二軍監督など指導者として37年、現役時代を合わせると、ちょうど50年になる。巡回打撃コーチを務めた巨人を２０１９年限りで退団し、これまで一度も脱いでいなかったプロのユニフォームを、ついに脱ぐことになった。50年間もプロ野球界に携《たずさ》われたのは、我《われ》ながら自慢だ。ユニフォームを連続50年間着たのは、日本プロ野球史で最長のようである。

コーチ人生を振り返ると、気になる男がいる。16年５月に覚醒剤《かくせいざい》取締法違反で有罪判決を受け、20年６月に執行猶予《しっこうゆうよ》期間が満了した「キヨ」こと清原和博（元西武ライオンズ、巨人、オリックス・バファローズ）である。19年11月に、「ワールドトライアウト２０１９」に「監督」として参加。野球界復帰へ第一歩をしるしていた。もう、ペナルティーは受けた。今となっては、再起を願うばかりだ。

表に出ている「番長」としての豪快な顔は有名だ。一方で律義《りちぎ》な一面も持つ。本来はナイーブな男と言っていいかもしれない。そんなキヨとの出会いを今、思い出している。

１９９７年、西武から巨人へ、鳴り物入りでＦＡ（フリーエージェント）移籍してきた。

私はその年の後半に二軍から一軍の打撃コーチに配置転換となったが、声をかけにくいオーラがあった。

あれは99年春のキャンプでのこと。あのころのキヨは、関係者やマスコミに線引きをして、敵か味方かを見極めようとしていた。

PL学園高校時代から素晴らしい選手なのは知っていた。さらに西武の首脳陣から、事前に性格、練習態度などを「取材」。「欠点を言われること」「人前で指導を受けること」の2つが大嫌いだと聞いた。

宮崎キャンプの一軍宿舎・青島《あおしま》グランドホテルの2階に、バットが振れる畳《たたみ》の部屋があり、キヨは夜間に素振りを行っていた。浜辺のほうから、キヨの姿を撮影するためにテレビカメラが狙《ねら》っている。ほかの選手は遠慮があるのか、その時間は近寄らず、キヨはいつも1人でバットを振っていた。部屋の隅《すみ》でガラスに映る自分の姿を見ながら、1時間ほど。私は、その姿をコーヒーを飲みながら見ていた。終わったあと、「キヨ、ご苦労さん」と声をかけても返事はなく、そのまま素通り。「内田って何者や?」と、キヨも私を探《さぐ》っているようだった。それから8日間、一度も言葉を交《か》わさずに、私はひたすら観察した。すると、9日目にキヨのほうからこちらへ歩み寄ってきた。

「内田さん、僕のスイング、どうですか?」

内心、しめたと思った。

「きのうまでの8日間、じっくりと見ていたけど、バットの角度と入り方、タイミングのとり方、あとは始動の部分をイメージしてたんじゃねえか？」

感じ取ってくれたのがうれしかったのだろう。

「そうなんです。間違えていますか？」

「いや、間違えていない」

「なにか気づいたことはありますか？」

「1ポイント、2ポイント、右中間に打てるのがキヨの特徴だけど、左中間にも打てるように、左ヒザを意識しながら軸足の右足を回して、腰を回転させるのが大事だと思うよ」

「わかりました。あしたから注意してやってみます」

決してオーバーティーチングにならないよう、最低限の助言にとどめた。

99年、巨人が3年連続でV逸《いつ》すると、左ヒザ、左手甲、右ヒザと相次ぐ故障に泣かされ、成績が振るわなかったキヨに、世間の非難が集中した。身内の球団幹部までキヨの人間性を攻撃していて、気の毒になった。同年途中から巨人に入団し（前年までは西武に在籍）、同じ一塁を守る「マルちゃん」ことドミンゴ・マルティネスが、2000年も残留。この00年には、FAで広島から江藤智《あきら》（のちに、西武にも在籍）も加入した。成績とともにキヨの立ち位置は変わり、一念発起《いちねんほっき》して自分を鍛《きた》えると決めたようだ。

キヨが大きな字で「力を貸してください」と書いた年賀状を送ってきたのは、肉体改造に取り組んだ00年の正月のことだった。

「今日は暴れていいですか？　アルコール、入れますわ」…キヨは悔《くや》し涙を流して言った

キヨは泣いていた。

「力を貸してください」と書いた年賀状を送ってきた00年、オフから厳しい食事制限やウエイトトレーニングで肉体改造を敢行。極限まで自分を追い込んでいた。

雪が舞う3月の岐阜・長良川《ながらがわ》球場。阪神タイガースとのオープン戦だった。原辰徳《たつのり》ヘッドコーチ（元巨人、現巨人監督）からは「まだ寒いから、主力は出なくていい」と言われていたが、ストイックに取り組んでいたキヨは、「いや、出ます」と直訴《じきそ》。強行出場した試合で、左太ももに肉離れを起こしてしまった。全治3週間以上で、開幕は絶望。私が宿舎の部屋を訪《たず》ねると、帰京するため、背中を丸めて荷物をまとめていた。キヨは私の顔を見ると、「あれだけ辛抱《しんぼう》してきたのに……」と、涙を流した。

悔《くや》しかったのだろう。さらに、こう言った。

「内田さん、今日は俺《おれ》、暴れていいですか？　徹底的にアルコールを入れますわ」

オフのあいだから禁酒をして臨《のぞ》んでいたが、東京に帰って憂《う》さ晴らしをするという。

「今日くらいは、いいんじゃないか」

キヨの無念さを思えば、止められなかった。当時の渡邉恒雄《わたなべつねお》オーナー（現・読売新聞グループ代表取締役主筆）からは、「彼がケガをして、優勝の要因が増えた」とまで言われた。彼自身は聞く耳を持っていたが、なにより嫌いだったのは、名球会などの大物ＯＢが球場に来て５分や10分見ただけで、「脇があいているから、打てないんだ。インサイドはこう打て」といったパフォーマンスのような指導をすること。「今日、何十球か見たくらいで、俺のなにがわかるんや」と吐《は》き捨てるように言っていたものだ。

特徴は右中間によく飛ぶことだが、気持ちが不安定だったり、不調だったりするときは、強引になり、引っ張った打球がドライブする。どうしても力が入ってしまい、左肩が早く開いて、右ヒジが体から離れる。顔が打球方向に向くのが早く、いわゆる「ヘッドアップ」になることもあった。顔は、打球のあとを追うようにして、ついていかなければいけない。ゴルフに例えれば、ショットしたあとに見上げるような感じだ。

そういうときは、試合前のフリー打撃でケージの後ろから指示をするのではなく、私がセカンドのポジションに立ち、「俺を狙って打ってこい」と伝えた。私は二塁手の位置から

清原和博の野球への強すぎる思いをうまく解きほぐし、適度な距離感で見守った著者。

キヨの打撃フォームを見て、肩が開かないか、バットの軌道がインサイドアウト（詳細は、109ページなど参照）になるかをチェックしていた。体の内側からグリップが出てくるかどうか。最後の数分は左中間に引っ張っていいことにした。

キヨとティー打撃をすると、マスコミが近寄ってきて、「内田さん、清原と話しながらティー（打撃）をやっていましたけど、どんなアドバイスをされたんですか？」と聞いてくる。「2人の話だから、言えない。俺のルールだから。キヨが『細かいことは内田さんに聞いてくれ』と言うなら、いくらでも話すけど」

パフォーマンスになってしまうのが嫌《いや》だった。それが、指導者としての私のルールで、やめるまでそれを守った。すると、テレビ局は美人女子アナウンサーを投入する。私がポロッと話すんじゃないかという狙いだろう。あのころは、マスコミもキヨの情報を取ろうと必死だった。

キヨにバットの持ち方を話したら、長嶋茂雄監督が「いいアドバイスだよ～」

肉体改造をして臨んだ00年、キヨは雪のオープン戦で左太ももの肉離れを発症し、戦線離脱。開幕は二軍となり、復帰後はマルティネスと併用《へいよう》された。首脳陣に対して不満をモロに顔に出す場面が目立つようになり、私はそのたび、部屋に行ってキヨをたしなめた。

「ウチは勝たなきゃいけないチーム。キヨの今までの数字からすれば、我慢できないかもしれない。プライドが傷つくことがあるかもしれない。でも、監督だってベストを考えてやっているんだ」

「それはわかっているんですけど……」

そう言いながら、ポロポロ涙を流すこともあった。

故障をした悔しさはもちろん、野球を始めて、これまで競争などなかったのだろう。それがこの00年、スタメンから外されるという屈辱《くつじょく》を味わった。

西武のときは、負けてもとやかく言われなかった。それが巨人では、「チャンスで打てなかった」と新聞に書かれ、敗因を背負わされた。大々的に解説もされる。

「信じられない。記者もテレビ局も」

「お前はスターなんだ。膨大《ぼうだい》な数のファンがいる巨人軍でやっているんだぞ。記者もそういう使命で仕事しているんだ。そういう覚悟で入ってきたんじゃないのか？」

爆発寸前のキヨの気持ちを少しでも落ち着かせるため、そのように諭《さと》すこともあった。

このころ、私は長嶋茂雄監督（元巨人・巨人監督、現巨人名誉監督）に褒《ほ》められたのを覚えている。キヨは、どうしても内角を攻められる。そうしたピッチングに対するいちばん簡単な攻略法は、バットを短く持つことだ。バットの操作性が上がり、バットの芯《しん》をボールにぶつけやすくなる。キヨほどのパワーがあるのなら、芯でとらえれば、スタンドに放《ほう》り込むことができる。ゴルフに例えるのなら、ドライバーよりも7番アイアンのほうが扱いやすいのと同じこと。いつもフルスイングするだけがバッティングではない。多くの引き出しを持つことで、対応力が広がっていくのだ。

長嶋さん、王貞治さん（元巨人、元巨人・福岡ダイエーホークス監督など、現福岡ソフトバンクホークス会長）が現役のころも、普段はバットを目一杯に長く持ちながら、打席の中でいつのまにか、短く持ち替えていることがあった。そのことをキヨに話した。偉大なスーパースターであっても、結果を出すために工夫を重ねている。

とくに、長嶋さんには驚かされた。ピッチャーがテイクバックに入ってから、長く持っていたバットを手の中でスッと落とし、短く持ち替える芸当を持っていた。数センチほど、握りをズラすのだ。意識的なのか無意識なのかはわからないが、「インコースに来る！」という予感があるのだろう。

キヨにアドバイスを送ったあと、ある試合でバットを少し短く持ち、内角球をレフトスタンドへ放り込んだ。翌日、長嶋監督にこう聞かれた。

「キヨが短く持ったのは、ウッちゃん（私のこと）がアドバイスしたの？」

「『こんな方法があるよ』と、彼には話しました」

「いいよ～いいよ～。いいアドバイスだよ～」

あくまでも、「こんな方法があるよ」という提案だ。やるかやらないかは、キヨ次第。若手ならまだしも、十分な実績を残している一流選手だ。こちらから強制だけはしないように気をつけた。

キヨは翌01年、前年の屈辱を晴らし、打率2割9分8厘、29本塁打、121打点の好成績を残した。なんとか打点王を取らせたかったが、のち（03～04年）に巨人にやってくるロベルト・ペタジーニ（当時、ヤクルトスワローズ）に6点差で競《せ》り負けた。「無冠の帝王」と呼ばれるキヨが、いちばんタイトルに近づいた瞬間だったかもしれない。

私が巨人を去るとき、キヨが便箋《びんせん》5枚の手紙を書いてくれた

02年の西武との日本シリーズ。巨人は3連勝で日本一に王手をかけていた。就任1年目の原監督には、今季限りで巨人を退団し、来季は一軍打撃コーチとして広島に復帰することを事前に伝えていた。監督が選手の前で話す機会を作ってくれたため、これは周知のことだった。すると、キヨと元木大介《もときだいすけ》（元巨人、現巨人ヘッドコーチ）が、私にこう言うのだ。

「内田さん、今日はタオルをポケットに入れとかんとダメよ」

「タオル？　なんで？」

「原さんの胴上げのあとに、内田さんも胴上げするから。内田さんのことだから、きっと大泣きするでしょ？　だからタオル持っといてよ」

「原監督のあとなんて、やめてくれ。これでプロ野球を去るわけじゃない。カープに行くとみんなの前で言っているし、胴上げなんておかしいから、やめてくれ」

キヨと元木から、返事はなかった。

そして、日本一の瞬間、いつ「内田さん！」と呼ばれるか、ヒヤヒヤした。結局、呼ばれることはなかったが、日本一のうれしさと同時に、異様にドキドキしたのを覚えている。

日本シリーズが終わり、巨人を去るとき、キヨが手紙をくれた。出会いから今までの感謝の言葉が、便箋《びんせん》で4、5枚に綴《つづ》られていた。指導者として少しはインパクトを与えられたのかなと、感激した。簡単に言えば、「内田さんの前では、よく涙を流しました。ありがとうございました」といった内容だった。今でもそれは、宝物である。

その後、原監督に呼ばれ、06年に再び巨人に戻ったが、その原監督に、翌07年オフ、「内田さん、せっかく来てもらったんだけど……」と契約を更新しないことを通告された。その報道が出た際も、朝すぐに、当時オリックスに在籍していたキヨが電話をくれた。

「新聞、見ました。内田さん、コーチの仕事あるんですか？　ウチ（オリックス）に聞いてみましょうか？」

「ありがとう。キヨに迷惑はかけられないよ。いちおう、またカープに戻る話になっているんだ」

山本浩二さん（元広島、広島監督）が広島に戻してくれたのだが、キヨの電話はうれしかった。男気《おとこぎ》があるというか、そんな律義な一面もあった。一方、スーパースターだけに、うまく立ち回るのはヘタ。後輩を連れて夜の街《まち》で飲み歩くから、周囲にいい印象は与えなかった。夜の世界で、いろいろな人に出会う。誰が味方か敵か、わからない。人間不信なところもあった。

05年4月29日、キヨは広島戦で通算５００号本塁打を達成。記念の使用バットを、広島の一軍打撃コーチを務めていた私にプレゼントしてくれた。

「事件」のことは残念だったが、キヨが再び野球界で頑張《がんば》る姿が見たい。今は、キヨからの依頼もあり、キヨの次男（21年春、高校に入学予定）のバッティングをときおり指導している。お父さんに似て、いいセンスを持つ、右の長距離タイプだ。キヨもオーバーティーチングに気をつけながら、適度な距離感で見守っている。次男の話を含めて、25ページからキヨとの対談を掲載しているので、ぜひご覧になっていただきたい。

清原和博から著者へ贈られた500号本塁打（2005年4月29日の広島戦で記録）のバット。

特別対談

前編

内田順三×清原和博

絆《きずな》で結ばれた師弟が語る「打撃の基本」

プロ1年目に成し遂《と》げた日本一

内田「キヨは柔らかいバッティングで、逆方向にも放《ほう》り込める」×「小学生のころから言われ続けたのが、『センターに打て』です」清原

内田　今日はわざわざ時間を作ってくれて、ありがとう。

清原　こちらこそ、声をかけてくださり、ありがとうございます。内田さんのためなら、なんでも協力します。

内田　そう言ってもらえると、うれしいね。キヨとはジャイアンツ時代に濃密な時間をすごしてきたけど、当時のことを思い出しながら話をしてくれると助かるよ。コーチと選手の関係で、同じジャイアンツのユニフォームを着ていたのは6年間になるのかな。俺《おれ》も、キヨとの思い出はたくさんあるからね。

清原　はい、よろしくお願いします。

内田　キヨのプレーを初めて間近で見たのは、1986年の広島東洋カープと西武ライオンズの日本シリーズだったかな。当時、俺はカープの一軍打撃コーチとしてベンチに入っていて、ライオンズの「4番・ファースト」で活躍していたのがキヨだった。あのときの

印象が強くてね。あれは、確かルーキーの年だったよね？

清原　ええ、あの年が1年目です。引き分けスタートから3連敗を喫《きっ》したライオンズが、工藤公康《きみやす》さん（のちに、福岡ダイエー・巨人などにも在籍。現福岡ソフトバンク監督）のサヨナラヒットで息を吹き返して、そこから4連勝で逆転優勝したシリーズです。

内田　そうそう。1年目ということは19歳か。いやいや、恐ろしいね。日本シリーズでもかなり打たれた記憶がある（打率3割5分5厘でシリーズ首位打者となり、優秀選手賞を受賞）。カープも総合力に優《すぐ》れていたけど、ライオンズも強かったな。石毛宏典《いしげひろみち》（のちに、ダイエーにも在籍。元オリックス・ブルーウェーブ監督）、辻発彦《つじはつひこ》（のちに、ヤクルトにも在籍。現埼玉西武ライオンズ監督）、秋山幸二（のちに、ダイエーにも在籍。元福岡ソフトバンク監督）、伊東勤《つとむ》（元西武・千葉ロッテマリーンズ監督、現中日ドラゴンズヘッドコーチ）がいて、外国人は（オレステス・）デストラーデだっけ？

清原　いえ、あのときは（ジョージ・）ブコビッチですね。

内田　そのラインナップの中心に名をつらねていたのがキヨ。当時は、今とは違って、アルマーニのスーツが似合うようなスラッとした体型で（笑）。

清原　そんな表現は初めてですね、ありがとうございます（笑）。

内田　キヨは柔らかいバッティングで、逆方向にも放《ほう》り込める。とても高卒1年目には見えなかった。それに、ファーストの守備もうまくて。あの守備力がなければ、1年目からあんなに使ってもらえなかったんじゃないかな（前半戦は打率2割5分2厘、11本塁打だったが、オールスター以降に大活躍。最終的には、打率3割0分4厘、31本塁打、78打点）。

清原 もう、今から30年以上も前の話ですよ。懐《なつ》かしいですね。

内田 キヨは1年目からプロのピッチャーに対応していたけど、高校時代の金属バットから木製バットに変わったことでの苦労はなかったの？

清原 それはなかったですね。PL学園時代、入学してから竹バットで打っていて、途中からは木製バットで練習していましたから。金属バットを使うのは試合のときだけなので、竹や木製で打つのが当たり前になっていました。

内田 今は竹や木製で練習する高校が増えているけど、当時は珍しかったんじゃないかな。

清原 はい、そのおかげでプロに入っても違和感はなかったです。プロのスピードにも対応できました。1つ苦労したのが、高校生がほとんど投げないフォークボールでしたけど、そこはもう打席の中で慣れていくしかなかったですね。

内田 PLのころからズバ抜けたバッティングを見せていたけど、バッティングに関して、誰かに教わったり、影響を受けたりしたことはある？

清原 小学校、中学校、高校と、細かい打ち方を教わったことはありません。でも、それ

西武入団1年目から中軸を任された清原和博。日本シリーズで戦った著者にも、衝撃《しょうげき》を与えた。

が良かったと思います。変にいじられることがなく、自分が打ちやすい打ち方を追求できました。その中で小学生のころから、ずっと言われ続けていたのが、「センターに打て」です。

内田　いい教えを受けているじゃないの。

清原　生まれて初めて90メートルを超えるホームランを打ったのが小学4年生のときで、レフト方向でした。

内田　それはすごいな、4年生でそれだけ飛ばしていたら十分！

清原　でも、レフトに打つと怒られたんですよ(笑)。そのときも、ダイヤモンドを一周して、自分では「いいホームランを打てた」と思ってベンチに戻ってきたら、監督はまったく喜んでいなくて。そのまま、監督の横に正座させられ、むちゃくちゃ怒られました。「お前、わかってんのか?」「いえ、わかってないです」「俺、どこに打てって言うた?」「センターです」「お前、どこに打った?」「レフトです……」。

内田　それは、なかなか厳しい監督だな(笑)。

清原　子どもだったので、「ホームランを打って、なんで怒られるんやろ……」という気持ちはありましたけど、プロに入って年数を重ねるほど、センター返しの重要性を身に染《し》みて感じるようになりました。

内田　センターに打とうと思えば、強引に引っ張ることもないし、無理に流し打とうとしてポイントが近くなることもない。

清原　そうなんですよね。

内田　俺が考えるのは、なんで野球場はセンターだけが広いのか、ということ。レフトが97メートル、ライトが97メートルなら、センターも97メートルでいいわけ。でも、センターは120メートル以上ある。あれは、理想のミートポイントでとらえたとき、センター方向に最も飛距離が出るからじゃないかな。あとは、左中間、右中間が広く空《あ》いているので、ヒットにもなりやすい。引っ張ることしかできなければ、必然的にヒットゾーンが限定されてしまうよね。守るほうも、守りやすくなる。

清原　バッターの欲としては、どうしても引っ張って飛ばしたくなるんですけどね。気持ちいいですしね。

内田　俺の場合は、練習のときに「45度」の幅を意識させることが多かった。センターを中心にして、左中間から右中間のゾーンの中に打球を入れていく。ライト線、レフト線には、あえて打たないようにする。練習の段階で45度の中に打ち返すことをやっておけば、試合では90度のインフィールドを使えるので、気持ち的にもラクになる。

清原　確かに、そうですね。

内田　山本浩二さんが、よくこんなことを言っていた。

「フリーバッティングのボールをポール際にガンガン打ったって、試合ではなんの役にも立たん。たとえインコースであっても、多少詰《つ》まってもいいので、左中間に持っていく。アウトコースもただライト線に流すのではなく、右中間に強い打球を飛ばす。練習では苦しく、窮屈《きゅうくつ》に打つことが、試合に生きてくるんだ」

まさにそのとおりだなと。試合で好きなように打てることなんて、ほとんどないから。試合を想定しながら、練習では自分に制限をかけておく。キヨも状態がいいときには、45度の中に打球が飛んでいたんじゃないかな。

「信頼」で結ばれたジャイアンツ時代

清原「調子がいいときも悪いときも、見守ってくれました」×「ジャイアンツの4番の宿命に立ち向かってくれていた」内田

内田　キヨがライオンズで実績を重ねて（在籍11年で、332本塁打）、ジャイアンツにFAで移籍したのが1997年。ただ、そのころの俺は二軍打撃コーチをやったり、また一軍に呼ばれたりと流動的だったので、本格的に関わるようになったのは移籍3年目の99年だったかな。今でも覚えているのが、宮崎の春季キャンプ。夜間練習のときに、キヨがホ

テルの大広間で1人黙々《もくもく》と素振りをしているのを、なにも言わずにずっと見続けた。窓ガラスに自分の姿を映しながら、1時間近く振っている。俺はコーヒーを飲みながら、少し離れた場所で、ただ見ているだけ。キヨとの関係は、あそこから始まったんだよな。

清原　はい、よく覚えています。ジャイアンツ1年目は、打率2割4分9厘で32本塁打、95打点。チームは4位に終わりました。2年目は、2割6分8厘、23本塁打、80打点で、チームは3位。2年続けて優勝をのがし、「A級戦犯」扱いされたのが僕で、なんとしても見返してやりたいと思っていました。

内田　とにかく、集中してバットを振っていた。誰も近寄れない雰囲気を作り出していたので、ほかの選手はキヨの素振りが終わってから夜間練習を始めていたほどだったな。キヨからしたら、「コーチなんて来なくていいわ」と思っていたんじゃないの？

清原　そんなことないですよ！　今、初めて知ったんですけど……ジャイアンツの選手は、僕のあとにバットを振っていたんですか？

内田　そうだよ、気を遣《つか》ってね。

清原　そうだったんですか⁉　ジャイアンツは自主練習を全然しないチームなんだなと思っていました(笑)。

内田　いやいや、キヨと同じところでは振れないでしょう。オーラと熱気がすごいからね。

そこにいたのは、キヨと俺の2人だけ。8日間ぐらいずっと黙《だま》って見ていたんじゃないかな。素振りを終わったあとに、「ごくろうさん」と言っても、なにも返事がない。

清原　すみません(笑)。

内田　いや、いいんだけどね(笑)。

清原　もちろん、内田さんに見られているのはわかっていました。

内田　俺も、事前にまわりの関係者から、なにも知らない人間からのアドバイスや、人前での指導を嫌《いや》がることは聞いていたからね。キヨに限らずだけど、コーチとして、どんな性格でどんなタイプの選手なのかはリサーチするようにしている。技術を教えようとしても、そこに信頼関係がなければ、言葉は入っていかないから。とくに、キヨの場合はそれまでの実績があるし、自分でも考えて練習をしている。だから、関係性ができあがる前にコーチングをすることだけはしないようにと決めていた。最終的に、「しつこいコーチが毎日来ているな」と思ったのかはわからないけど(笑)、キヨのほうから折れてくれたのかな？

清原　「しつこい」なんて思っていませんよ。なにも言わずに、ずっと見てもらっていることが、本当にありがたかったです。

内田　8日ぐらいたったあと、いつものように素振りを終えたキヨが、「内田さん、僕のスイング、どうですか?」と聞いてきた。内心では、「しめた」と思ったよね。キヨには、「やっていることは、なにも間違いではない」「意識して、修正しようとしているのがよくわかる」という言葉をかけた。

清原　はい、僕にはそれが衝撃でした。確か足の運びに関することだったと思うんですけど、「ここに気をつけて振っているんじゃないか?」と、ズバリ指摘されました。言葉を交《か》わしていないのに、スイングを見るだけで、僕がやろうとしていることを理解されている。

内田　8日もずっと見ていれば、わかるさ。

清原　正直、ジャイアンツに入ってから、ずっと孤独《こどく》だったんです。キャンプ中、シーズン中ともに、いろいろな解説者やOBの方が来られて、少し見ただけで翌日のスポーツ新聞では僕のバッティングを好きなように批評している。それが悔《くや》しくて、悔しくて……。「俺のバッティングのなにがわかるのか」と。

内田　巨人はとくに来客が多いからな。

清原　あるコーチには、シーズン中のフリーバッティングのとき、「キヨ、スタンスを狭くしたほうがいいんじゃないか?」と言われたことがあって、その言葉にカチンときて、スタンスを思いきり広くしてホームランを打ってやりました(笑)。バッティングケージの後ろからいきなり指導を始めるので、気分が悪くなってしまって。

内田　キヨのそういう性格は、わかっていたから。今まで実績を重ねてきたプライドもある。

清原　内田さんは、僕が調子がいいときも悪いときも、見守ってくれていました。それが、とても心強かったです。あのときの夜間練習をきっかけにして、内田さんには悩みを相談するようになり、精神的な支えにもなっていただきました。

内田　キヨが悩んでいたときに、こんな話をしていたことがある。「ライオンズではホームランを打っていれば、負けても叩《たた》かれることはないけど、ジャイアンツではたとえホームランを打ったとしても、ここ一番のチャンスで打てずに負けると、叩かれる」。それは、ジャイアンツの4番の宿命でもあるんだけど、立ち向かってくれていたね。

インコース攻めへの対応策

内田「ムキにならずに、センター中心に打つこと」×「まわりから言われすぎたことで、意地になっていました」清原

内田　ライオンズのときもそうだったと思うけど、キヨにはインコースを攻めてくるバッテリーが多かった。外だけでは逆方向に持っていかれるから、内を厳しく突かなければ抑えられない。どんなバッターでも、インコースにガンガン来られると、どうしても気になるもの。キヨに言い続けたのは、「インコース攻めにムキにならずに、センターを中心に打

っていこう」。バッティング練習でキヨがケージに入ったときには、俺がセカンドの定位置付近に立って、「ここを狙《ねら》ってこい！」と声をかけることも多かった。

清原　ええ、そういう意識づけのための練習は、よくやりましたね。

内田　本来、バッティングコーチはケージの後ろから見るんだけど、キヨのときだけは別。肩の開きがどうとか、ヒジの使い方がどうとかわざわざ言わなくても、キヨほどの技術を持っていれば、逆方向を狙うことでバットが自然に体の内側から出るようになる。打球の方向性だけはっきりさせておけば、強引に引っ張ることもなくなるから。

清原　調子がいいときほど、インコースでもセンターに打ち返すようなバッティングができていました。フリーバッティングから遠くに飛ばそうとして、インコースをレフトに引っ張っていると、右肩が早く出てくるようになり、試合になるとアウトコースに対応できなくなってしまうんですよね。目切りが早くならないためにも、センターを狙う。チャンスのときほど、ピッチャーの足元に速い打球を打つイメージを持つようにしていました。

内田　ただね、インコースを攻められたり、外の人間からうるさいことを言われたりすると、その良さが消えるのがもったいなかったな。やはりバッターの本能として「打ちたい！」「打ってやろう！」という欲があると、無駄な力《りき》みが生まれるし、選球眼が狂う。力めば力むほど、バットの出が悪くなり、結果的に体を開いてバットを無理に振ろうとしてしまう。

清原　自分でもわかっているんですけど……、ユニフォームを着て、試合に向かうと、気持ちが入りすぎて「野獣」になってしまうんです(笑)。インコースは苦手意識を持っていなかったのに、まわりから言われすぎたことで、意地になっていました。インコースを打ってやろうと思うことで、小さいころから大事にしてきたセンター返しの意識まで忘れて、バットが外から回ってしまう。あとから思ったことですけど、すべての球を打ってやろうと思いすぎていました。バッティングは、どんないいバッターでも打率3割ですからね。

内田　そうそう、一流選手であっても、すべてのコースは打てないから。ある程度の割り切りが必要になってくる。キヨには、「インコースに対応するために、バットを短く持ってみたらどうだ?」と話したこともあって、そのあとの試合で、インコースをコンパクトに振り抜いて、レフトスタンドに放り込んだ。覚えている?

清原　はい、覚えています。

内田　長嶋茂雄監督から、「ウッちゃんがアドバイスしたの?」と褒《ほ》められてね。こちらのアドバイスを信じて取り入れてくれて、結果が出たときは、バッティングコーチ冥利《みょうり》に尽《つ》きる。どうしても、インコースを打とうとすると、強引になってしまうから。ゴルフを例えにして、「ドライバーじゃなくて、9番アイアンでグリーンに寄せるぐらいの感覚で振ってみたらどうだ?」という話もしたんじゃないかな。わかりやすく言えば、アウトコースを打つにはトップから1秒の時間があるけど、インコースは0・5秒で振らなければいけない。この感覚をつかめれば、ホームランはもっともっと増えたと思うね。

清原　あのころのジャイアンツには、松井秀喜《ひでき》（のちにニューヨーク・ヤンキースなどにも在籍。現ヤンキースGM特別アドバイザー）や、ロベルト・ペタジーニ（ヤクルトなどにも在籍）がいて……。ともにインコースに強いバッターでした。2人のホームラン数も意識していたので、バットを短く持つなど、内田さんのアドバイスをもとにいろんなことに取り組みました。内田さんを信頼できたのは、僕の状態が良いときも悪いときも、黙々《もくもく》とティーのボールを上げてくれたことです。頭ごなしに言うことは絶対になく、見守ってくれました。状態が悪いときにはいつでも相談に乗ってくれましたし、全体練習前の特打にもいつも付き合ってくれました。内田さんは、僕のような「野獣」を手なずけたわけですから、一流の調教師ですよね（笑）。

内田　ありがとう（笑）。そう言ってもらえると、うれしいね。キヨが最後まで貫《つらぬ》き通したのは、インコース攻めから逃げなかったことじゃないかな。常に、ボールに対して向かっていった。その理由を聞いたら、「僕は盾《たて》になっているんです。自分にぶつけたあと、松井や（高橋）由伸《よしのぶ》（元巨人、巨人監督）にぶつけられるわけがないですから」なんて言っていたね。「だから、インコースのボールでも逃げないんです」と。そうなると、バッテリーの心理として、アウトコース攻めが増えていき、バッターはコースを絞《しぼ》りやすくなる。キヨはグラウンドに出れば、野球＝ケンカという意識で戦っていたよな。

清原　ジャイアンツのころは、体も鍛《きた》えていましたし。ほかのバッターにインコースを投げさせないためにも、自分が盾になって当たっておく、という気持ちでしたね。自分にデッドボールをぶつければ、そのあとインコースには投げきれませんから。

内田　通算死球（196個）は、今もプロ野球最多記録として残っているからね。これこそ、チームのために逃げなかった、なによりの証《あかし》だよ。

（95ページからの対談中編に続く）

日本プロ野球 死球 歴代通算記録ランキング

順位	選手名（所属）		死球数	打席数	死球率	試合数	実働期間
1	清原和博	（西武→巨人→オリックス）	196	9428	.0207	2338	1986～2008
2	竹之内雅史	（西鉄・太平洋・クラウン→阪神）	166	4873	.0340	1371	1968～82
3	衣笠祥雄	（広島）	161	10634	.0151	2677	1965～87
4	阿部慎之助	（巨人）	152	8653	.0175	2282	2001～19
5	村田修一	（横浜→巨人）	150	7754	.01934	1953	2003～17
6	井口資仁	（ダイエー→米国→ロッテ）	146	7535	.01937	1915	1997～2004、09～17
7	稲葉篤紀	（ヤクルト→日本ハム）	138	8419	.01639	2213	1995～2014
8	井上弘昭	（広島→中日→日本ハム→西武）	137	4714	.0290	1531	1968～85
9	*中島宏之	（西武→米国→オリックス→巨人）	135	7090	.0190	1782	2002～12、15～
10	田淵幸一	（阪神→西武）	128	6875	.01861	1739	1969～84
<以下、参考>歴代40傑に入っている現役選手							
20	*糸井嘉男	（日本ハム→オリックス→阪神）	108	6599	.01636	1588	2007～
21	*青木宣親	（ヤクルト→米国→ヤクルト）	106	5988	.0177	1353	2004～11、18～
30	*鈴木大地	（ロッテ→楽天）	89	4774	.01864	1181	2012～
35	*中村剛也	（西武）	85	6869	.0123	1743	2003～

2020年シーズン終了現在。死球率＝死球数÷打席数。＊＝21年シーズンNPB（日本野球機構）現役選手

上位には、屈強《くっきょう》な面々がズラリ。中でも清原和博の通算死球数はダントツ。立ち向かった証《あかし》だ。

第2章

巨人軍で実践《じっせん》し、進化させた指導法

～大打者を生む「脱・常識」ドリル～

ナイター後の寮《りょう》の食堂で、松井秀喜は私を質問攻めに

この章では、巨人コーチ時代に交流のあった、キヨ以外の選手や仕《つか》えた監督の話をしたい。巨人では計16年間(1994〜2002年、06〜07年、15〜19年)、コーチを務めた。指導者としての経験を重ねる中、育成について、私自身もさらに多くの勉強をさせてもらった。

広島で打撃コーチを務めていた私に、93年オフ、巨人からオファーが届いた。「ファームで若い選手を育てて、1人でも2人でも上に押し上げてほしい」と言われ、翌94年から巨人の二軍打撃コーチに就任。やるからには中途半端《ちゅうとはんぱ》は嫌《いや》だった。こちらから、「単身で行くので、寮《りょう》に入れてください」と頼んだ。「そこまでしなくても、近辺のマンションに住んでくれればいい」と返されたが、こっちも本気。「選手と寝泊《ねと》まりを一緒にさせてほしいんです。せっかく来たんだし、やらせてください」と折れなかった。

広島時代、寮生には夕食後の19時から室内練習場で1時間ほど打たせ、私が自宅に帰る時間は21〜22時だった。巨人の寮に入り、気になったのは、夕食が終わると若い選手が外に遊びに行ってしまい、門限まで帰ってこないこと。また、休みが少ない広島とは違い、巨人は週1で休養日があった。寮の地下には、マシン打撃ができる練習場とプールがある。

「こんなに素晴らしい施設があるのに、巨人はぬるいな」と感じた。

私は、当時の木戸美摸《よしのり》寮長（元巨人）に、こう頼んだ。

「休みの日は、自由でいいです。でも、毎晩スイングをさせたいので、2階のふすまを取っ払ってください」

2階には、普段はほとんど使われていない畳《たたみ》の部屋が3、4部屋あった。そこを「素振り部屋」にしたいと寮長に言うと、ふすまを全部取り払ってくれた。

大きな鏡も用意してもらい、そこで若手の村田善則《よしのり》（現巨人ブルペンコーチ）、鈴木尚広《たかひろ》らがスイングを繰り返した。ほぼ強制だから、不満もあっただろう。それでもシーズン中は、夜も野球に没頭しないといけないというルールを作った。実績を重ねたレギュラーであれば、自分なりの調整方法があっていいが、彼らはまだレギュラーではない。

選手にとってみると、素振りは退屈な練習かもしれない。しかし、キヨにしても、これから紹介する松井秀喜にしても、一流選手ほど素振りを大切にしていた。世界の本塁打王・王貞治さんも、素振りでバッティングの基礎を作り上げた。実は、助っ人外国人はほとんど素振りをしない。彼らは、ボールを打つことを好む。私は「素振り＝仮想スイング」と呼ぶこともあるが、日本独特の文化なのだろう。日本人の勤勉さや、武士道精神とつながっているように思う。歌舞伎《かぶき》の世界で例えるのなら、「型」を作るということだ。

私は「スイングの3原則＝スピード、正確さ、再現性」と定義づけている。これらを身につけるためにも、素振りは欠かせない。日々、正しい動作を自分の体に覚え込ませるように、繰り返し、バットを振り続ける。若手にとくに言っていたのは、「ミートポイントの一点で爆発させること」「100パーセントの力で振り抜く」。右バッターなら左耳、左バッターなら右耳でスイングの音が聞けるようになれば、力が入りやすいピッチャー側のポイントでしっかりと振れている証《あかし》になる。「振り抜く」とは、アゴの下で肩が入れ替わることだ。右バッターであれば、トップ（ステップした投手側の足の先とバットを握っている手の部分の距離が最大限に離れている状態でのバットの位置。この形を「割れ」とも言う）に入ったときに左肩の上にアゴがあり、フォロースルーでは右肩の上にアゴがある。「肩の入れ替え」とも表現されるが、素振りでもここまで振り抜いてほしい。

私が二軍打撃コーチに就《つ》いたとき、寮には高卒2年目の松井秀喜もいた。まだ本当のプロの体にはなっていなかったが、本格的にウエイトトレーニングを取り入れていなくても筋力が強く、盛り上がった背中などは、すでにプロで10年やっているような体格。とても10代とは思えない貫禄《かんろく》があった。

星稜《せいりょう》高校時代は甲子園で5打席連続敬遠されたことで騒がれ、連日マスコミに取り上げられていた。取材対応、言葉遣《づか》いなどは、すでに大人だった。ただ、器用なタイプではなく、抜群のセンスがあったとも言い難《がた》い。スイングをしながら自分の打撃を作り上げたタイプ。完全な努力型だった。

一軍のナイターが終わって、寮に帰ってくると、食事をする松井から、「内田さん、今日のバッティングはどうでしたか？」と、よく聞かれた。

「構えたとき、少し背中が丸まっていたぞ」

「あのときのバットの軌道、構えはどうでした？」といったような会話を食堂で、よく交《か》わした。その後、30分～1時間ほど素振りをするのが日課だった。すでに一軍選手だった松井は、私が若手の寮生に課した夜のスイングとは無関係だったが、深夜に自分からバットを振っていた。入団1年目の93年から約3年間、素振りを繰り返した「201号室」は、畳が擦《す》り切れたまま、今も保存してある。

「シュッ」と「ブーン」の音の違いと、長嶋茂雄監督と松井が作り上げたボールの仮想ライン

先述したように、二軍の打撃コーチだった私も、当時は寮に住み込んでいた。2階が一軍部屋で、松井は私の隣《となり》の隣の部屋だった。私はヤクザものの映画が好きで、休みの前日などにレンタルDVDを部屋で鑑賞していた。深夜、寮内の自動販売機にジュースを買い

に行くと、松井はいつも黙々《もくもく》とバットを振っていた。寝るのは深夜2時半から3時ごろだと聞いた。それから7、8時間ほど睡眠をとり、昼すぎに東京ドームに入っていた。

長嶋監督は当時、松井の「4番1000日計画」を掲《かか》げ、連日、マンツーマン指導を行っていた。遠征先の場合、選手は11時前に球団が借りるホテルの大広間でスイングをしてから、昼食をとる。そのとき、松井は長嶋監督のところで個人レッスンを受けていた。

5分のときも、30分のときもある。その後、ミーティングをしてから、バスで球場入りする流れだった。私は松井に長嶋監督からどんなアドバイスをされたか、内容を聞くようにした。打撃コーチが監督と違うアドバイスをしては松井が混乱するし、指導法にも興味があった。

「構えた姿を後ろから見られて、『今日はもういいよ』と言われました」

「バットスイングの音を聞いていて、それが変わったから、OKが出ました」

バットのヘッドが走ると、「シュッ」という、短くて高い音がする。よけいなところに力が入ると、「ブーン」という音がするというのだ。

長嶋監督の指導法は勉強になった。自分の目から投手が投げるボールに、「仮想のラインを作る」と話していた。松井は構えて投手を見たあと、アゴを引いて下を見ていた。あれは、その「ライン」を作るための動作だった。

松井は調子が悪くなると、背中が丸まってくる。松井に限らないが、結果を欲しがると

「バットに当てたい」という心理が働き、目とボールの距離が近づいていくのだ。猫背になれば、ボールの見え方が変わり、ラインも変わってくる。まわりから見ているとわかるものだが、当の本人はなかなか気づかない。たとえ、気づいたとしても、それを修正するには時間がかかるものだ。不調に陥《おちい》っていたバッターが、1本のポテンヒットで調子を取り戻すことがあるが、心理的な負担が軽くなったことで、猫背が改善されるケースもある。

紐解《ひもと》いていくと、バットを構える前の立ち方にまでつながっていく。いかにして、バランス良く、それでいて無駄な力を抜いた状態で立てるか。表現を変えれば、どれだけ筋肉を緩《ゆる》めることができるか、力を抜けるかが、野球選手の重要なテーマと言っても過言ではない。人間の体は、筋肉を収縮させることで動く。筋肉の力を抜いたときと力を入れたときの差が大きいほうが、筋力を多く発揮しやすい状態となる。ダラーンと脱力した状態からギュッと縮めることができれば、大きな筋力を生み出せるわけだ。

では、無駄な力を抜くには、どうするか。よく、「リラックスしろ」と声をかけながら、肩を上下に動かす仕草をする指導者がいるが、それだけでリラックスできるのなら、ラクな話だ。

コーチになってから、合気道《あいきどう》の先生にこんな話を聞いた。「重心の中心は丹田《たんでん》にある。丹田に力を感じられるようになれば、おのずと無駄な力を入れずに立つことができる」。丹田とは、ヘソの下三寸（およそ10センチ）にあり、「下《さ》げ丹田《たんでん》」と呼ぶこともあるそうだ。

打席に入るときも、まずは丹田に意識を向ける。足を肩幅程度に開いたあと、かかとをゆっくりと上げて、またゆっくりと下げる。これを2～3回繰り返すことによって、安定した土台を作れるのだ。立ち方が不安定な選手には、このやり方を勧《すす》めた。建物を作るのと同じで、土台がしっかりとしていなければ、その上にあるものは不安定になり、崩《くず》れやすい。

無駄な力を抜くためには、バットの握り方も関係してくる。ガツンと強く握ってしまうと、構えたときにどうしても力が入る。バッターによって様々な握りがあるが、私の場合は体の中心軸に合わせて、バットのヘッドを地面につけた状態から、前腕と手首の角度を真《ま》っ直《す》ぐにしたまま、グリップを握ることを勧めていた。こうすると、両手の指の第二関節でバットを握ることになり、操作がしやすい。力の配分も重要で、左右の手に同じ力を入れないこと。感覚的には前の手を7、後ろの手を3ぐらいの割合にしておいたほうが、後ろのヒジを柔らかく使いやすいのではないだろうか（250ページからの項も参考）。

松井の話に戻ると、長嶋監督はよく「始動を早めにとりなさい」とアドバイスを送っていた。左打者なので、東京ドームの一塁側ベンチからは背中が見える。背番号「55」がねじれたりすれば一目瞭然《いちもくりょうぜん》になるよう、長嶋監督はいつも同じ場所に立った。下半身に体重が乗っているかも見た。

01年までの松井は、ほとんどの打球が中堅からライト方向で、引っ張り専門。それが02

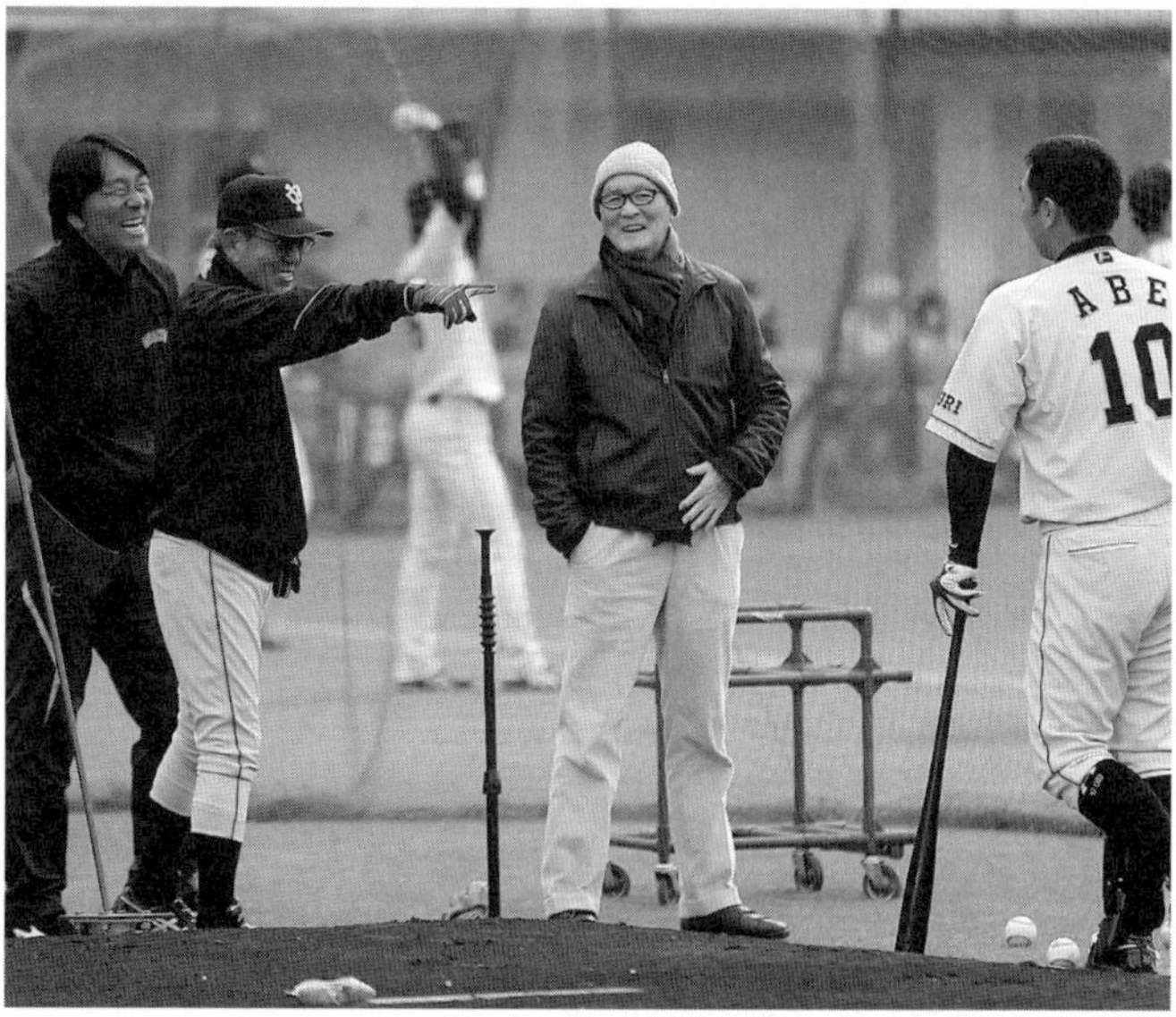

久しぶりにみんなで集まると、やはり打撃論や近況、思い出話などに花が咲く。左から、松井秀喜臨時コーチ、著者、長嶋茂雄終身名誉監督、阿部慎之助（2016年の宮崎キャンプにて）。

年は左翼方向へ流し打つケースが増え、50本を放《はな》って3度目の本塁打王に輝いた。03年からニューヨーク・ヤンキースへFA移籍したことで、なるほどと思った。メジャーの「動く球」に対応するため、1年前からギリギリまで呼び込み、広角に打てるよう取り組んでいたのだ。

余談だが、この「50号」のときのバットを、松井は私に贈ってくれている。

1つ、松井のすごさを物語るエピソードを紹介したい。私は一塁ベンチ、あるいは三塁ベンチから、多くの強打者の打球音を耳にしたが、松井がボールをとらえる音だけは違った。芯《しん》でとらえたホームランでも、「バシャッ!」とバットが折れたような音がすることがあったのだ。音だけ聞いたら、とてもホームランとは思えない。ボールに、とてつもない衝撃を与えていた証《あかし》と言える。あんな音を響かせたのは、あとにも先にも、松井しか知らない。

阿部慎之助が高等技術「ツイスト打法」を会得《えとく》した練習法とは?

松井が「剛《ごう》」なら、「柔《じゅう》」の長距離打者は、19年シーズン限りで引退した阿部慎之助(現巨人二軍監督)だ。

アマ球界トップの捕手という触れ込みで、中央大学から00年オフのドラフト1位で巨人に入った阿部。それまで村田真一が巨人の正捕手を務めていたが、新旧の交代の時期でもあった。

当時はまだスリムな体形。固かった松井とは対照的に、上体やバットさばきも柔らかかった。

球団として23年ぶりとなる、新人捕手が開幕スタメンに名をつらねた。メンバー表は3枚か4枚綴《つづ》り。それをマネージャーに頼んで1枚もらい、「長嶋茂雄」と書いてある監督欄の上の空白部分に、監督に直筆でサインをしてもらった。これを後日、ガラスケースに入れて、阿部に渡した。うまくいかなくなったとき、「原点」を思い出してもらおうと考えた。

人懐《なつ》こくて、素直な性格。バットの返しが早いと思い、「大きなソフトボールを打ってみたら?」と勧めたことがある。バットに乗せる感覚を思い出すためだ。すると、すぐに自分でソフトボールを買ってきて、ロングティーを行う。「うまく振り抜かないと、ドライブがかかって、ちゃんと回転していかないんですよ」と言いながら、試行錯誤《しこうさくご》。非常に貪欲《どんよく》だった。

阿部が新人のころ、「こんな方法があるぞ」と、勧めた練習法がある。

「下半身主導で我慢して振ったら、これだけバットのヘッドが走るよ。『ツイスト』で振って、インパクトで体重移動を止めてみな。ヘッドが止まらずに、先に走るから」

体が前に突っ込まないようにするための「練習ドリル」だ。「ツイスト」を簡単に言うと、打つ瞬間に腰を逆方向（捕手方向）にひねることで、体を開かずにバットの芯でとらえられる。この動きがツイストダンスに似ていることから、こう呼ばれる。アメリカでは「カウンタースイング」と言われることもあるようだ。体の開きを我慢して抑えることで、バットを内側から最短距離で出し、ヘッドを走らせられる。逆方向にも強い打球が打てるのだ。

バットを振る動作は、下半身も上半身も回転しているように見えるが、それは大きな勘違いだ。踏み込んだ前足でカベ(壁)を作り、体の回転をヒザ、腰、肋骨《ろっこつ》、肩、グリップと正しく順番に止めることで、体の各部分が次々と加速し、ヘッドスピードの速さにつながっていく。腰を逆方向にひねろうとすることによって、さらにカベを作りやすくなる。

阿部はツイストの動きを習得するため、「かかとを上げずに、両足を固定して打つ」「軸足を浮かせながら打つ」という2種類のドリルを繰り返した。

「こんな方法があるぞ」「こんなドリルがあるぞ」と言うと、すぐにチャレンジする柔軟性が、阿部にはあった。疑問点があると、「どうですか?」と聞いてくる貪欲さもあった。

打撃マシンを相手に、体を開かずに三塁方向へファウルを打つという、阿部自身がアレンジした練習法を、引退するまで繰り返した。動きとしては、ツイストに近い。

阿部の影響を受けたのかはわからないが、亀井善行《よしゆき》もよく取り組んでいた。手先でファウルを打つのではなく、フルスイングの中でファウルを打つ。前足をステップしても、グリップがキャッチャー側にしっかりと残っていることがポイントで、残っているからこそ、体の内側からバットを出すことができる。前出の「割れ」と呼ばれる状態を作る技術だ。前足とグリップの距離が遠ければ遠いほど、強いインパクトを生み出すことができる。

阿部慎之助のツイスト打法

インパクトの瞬間に、スイング軌道とは反対の方向に腰を引くイメージで前(投手側)のカベを意識し、バットのヘッドを走らせて最大の力を生み出すのが「ツイスト打法」だ。

このとき、ステップと一緒にグリップがピッチャー方向に動き出してしまうと、緩急《かんきゅう》への対応がまったくできない。たとえ、バットに当てられたとしても、トップからインパクトまでの距離が短いため、どうしてもインパクトが弱くなってしまう。

また、ステップとともに頭がピッチャー方向に突っ込んでいくと、ボールとの距離がとれずに逆方向にファウルを打つのが難しくなる。なかなか高度な練習法だ。

私がヤクルトアトムズ（のちのスワローズ）の選手だったころ、ヘッドコーチだった中西太《ふとし》さん（元西鉄ライオンズ、元西鉄・日本ハムファイターズ・阪神監督、元ヤクルト・近鉄バファローズ・巨人打撃コーチなど）は、「打撃コーチは、アイディアをいっぱい持ちなさい」と言った。将来、私が指導者になった場合のアドバイスだったのだろう。手を柔らかくするためには、どういう道具、ドリルが必要か。遠心力を使うためには、どういうバットを使い、どういう練習をすればいいか。例えば、ウォーキングスイングや速振りしながらの連続打ち、などなど。ツイストは、あくまで1つの手段だ。

阿部も入団当初は半信半疑《はんしんはんぎ》だったのではないか。長嶋監督が「疲れているんじゃない？」と心配しても、阿部は歯を食いしばって、ついてきた。だんだん飛距離が出るようになり、ツイストの感覚が染《し》み込んできたのは4年目くらい。この高等技術を会得《えとく》したことで、どんどん安打を量産していった。

10分遅刻した新人の阿部に正座をさせたが…指導者となった彼に期待すること

01年、新人だった阿部は開幕から正捕手を務め、夏前に疲労がピークに達していた。練習量が減る横浜スタジアムや神宮球場でビジターの試合がある場合、若手はジャイアンツ球場で10時半開始の打撃練習を行っていた。

そんなとき、当時の長嶋監督に「慎之助は、朝練を休ませたらどうかな」と言われた。私は「配慮しますから、このままやらせてください」とお願いし、長嶋監督も了承してくれた。

ある日、ナイター明けの阿部が、朝練に10分ほど遅刻した。私は室内練習場のケージ横に正座をさせたまま、打撃練習を見学させた。プロの世界では、1分、1秒が大切だと自覚してほしかった。とはいえ、この「教育的指導」は今なら「パワハラ」で、即クビだろう。

コーチの助言に拒否反応を示さずに、チャレンジする。ここ数年、試合前に横浜DeNAベイスターズの4番だった筒香嘉智《つつごうよしとも》（現タンパベイ・レイズ）がよく阿部のもとに挨拶《あいさつ》に来ていた。打撃論を交《か》わしたり、ときには阿部のほうから疑問点を聞いたり、年下の選手からでも吸収しようとするなど、好奇心旺盛《おうせい》で貪欲だ。12年に、3割4分0厘で、捕手史上最高打率を記録。三冠王こそのがしたものの、打率、打点の「2冠」に加え、最高出塁率のタイトルも獲得した。17年8月に、2000安打を達成。私の想像をはるかに超える、左の大打者に成長した。そんな阿部が、20年から巨人二軍監督に就任。まず、誰か「作り上げた」と言える選手が欲しい。そうすれば、自信になる。テレビのスポーツニュースで、阿部が実践《じっせん》していたファウル打ちの練習を、20年の新人・山瀬慎之助に教えている映像を見かけた。阿部の技術をすぐに会得するのは難しいだろうが、やり続けることによって、なにかつかめるものがあるはず。引き出しの多い男だ。指導者に向いていると思う。

現役時代の阿部は、球界を代表する打者で、なおかつ球史に名を刻む「扇《おうぎ》の要《かなめ》」の捕手として、君臨した。外野手としてみんなの背中を見ているのと、投手、野手に正対し、全体を見渡してきた捕手とでは、野球観が違う。歴史上、捕手出身の監督はあまり失敗していない。野村克也《かつや》さん（元南海ホークスなど、元ヤクルト・阪神・東北楽天ゴールデンイーグルス監督など）、森祇晶《まさあき》（旧登録名：昌彦《まさひこ》）さん（元巨人、元西武・横浜ベイスターズ監督）、上田利治《としはる》さん（元広島、元阪急ブレーブス監督など）、伊東勤……。苦労したけど、古田敦也《あつや》（元ヤクルト、元東京ヤクルトスワローズ監督）もそうだ。

阿部が二軍で泥《どろ》にまみれて、一緒に勉強するのはいいと思う。これまでの巨人の監督は上（一軍）しか見ていなかった。二軍は、勝ち負けより育成の場。いきなり一軍の監督を担《にな》うより、思いきったことができる。阿部は、アナログな一面を持ち合わせている。捕手だから、データや科学的な数値を大事にする一方で、12年の日本シリーズでは、マウンドで澤村拓一《さわむらひろかず》（現ボストン・レッドソックス）の頭を叩《たた》いた。あれはパフォーマンスだろうが、近年、パワハラ問題が噴出して、我々指導者は正直なところ、身動きがとれなくなっている。もちろん、殴《なぐ》るのはダメ。でも、言葉だけで注意するのは難しいこともある。選手の気質も変わってきている中、ああいう「強さ」みたいなものを注入するのも必要だと思う。

言葉で理解させるのは大事。だが、行動でアドバイスするのも大事。プロでも、「習うより慣れろ」というところはある。自主性はもちろん必須だが、やらせないといけないこともある。二軍監督には、厳しさも求められる。阿部はそれができる男だ。一軍の監督に就任するのが既定路線なら、阿部に意見を言う人はどんどん少なくなるだろう。周囲にイエスマンのコーチばかりを置くのは、破滅の始まりだ。裸《はだか》の王様にならないように、助言、ときには苦言を呈《てい》してくれるような良き「参謀《さんぼう》」を早く見つけてほしい。

トスを上げる私の横30センチのところへ正確に打ち返す落合博満

コーチとして逆に勉強になったのは、巨人で現役だった「オチ」こと落合博満（元ロッテオリオンズ・中日など、元中日監督）と一緒にやれたことだ。94年、私が巨人の二軍打撃コーチ就任と時を同じくして、オチも巨人にFA移籍。「オレ流」オチの練習は独特だった。

春のキャンプでは、午前中はチーム練習に参加するものの、午後になると、必需品のコーヒー、アンパン、たばこを持って、報道陣をシャットアウトできるエアドームにこもった。

密室で緩《ゆる》いカーブマシンを20~30分打って、休憩《きゅうけい》。一服しながらコーヒーを飲んで、また打つ。これを、12時半から17時まで繰り返した。

ときおり、マシンに体を正対させて打つこともある。要するに、ホームベース上に立って、捕手側に背中を向けて構えるのだ。もし空振りしたら、体にぶつかることになる。それでもオチは右ヒジを体にこするように柔らかく振りながら、的確にとらえていた。ボールを「点」ではなく「線」でとらえる技術を持っていなければ、この練習を実践できない。表現を変えれば、「振り幅が広い」。ボール3個分ほどのインパクトゾーンを持っていた。

マシンを左投手のカーブに設定することもあった。カーブとなれば、自分の体のほうにより向かってくる。それでも、オチはそんな恐怖心など微塵《みじん》も感じさせず、右ヒジを柔らかく使って、ライナーを打ち返した。私もファームの選手にやらせたことがあるが、ケガを防ぐためにキャッチャーのマスクをかぶらせ、さらにマシンの球速を落とした。オチほどの技術を持っていなければ、なかなかできない練習だ。

ティー打撃にも、オチの技術が詰《つ》まっていた。私がトスを上げて、ティー打撃をする。オチが流し打ちをイメージすると、私の体の右横30～40センチくらいの同じ位置へ、正確に打ち返してくる。「オチ、危ないだろ」と言うと、「いや、内田さん。絶対に当てないから、大丈夫だって」と、涼《すず》しい顔。三冠王3度。オチのヒジの使い方、バットコントロールは、私が見てきた選手の中でナンバーワンだった。

もう1つ付け加えると、一流の「目」を持っていた男だ。フリーバッティングのときに、バッターボックスを外れて、ホームベースの後ろからピッチャーを見るときがあった。「ズレていないか?」と、ポツリとつぶやく。フリーバッティングでは、移動式のホームベースを置くため、微妙に角度がズレていることがあるのだ。オチは、それを指摘していた。

ホームベースがズレれば、立ち位置が変わり、ピッチャーの見え方も変わる。そうなると、長嶋さんが大事にしていた「仮想のライン」がズレることにもつながる。スタートポジションのズレが、バッティングの崩れを引き起こしてしまうのだ。

私が広島の打撃統括コーチ（08～10年）を務めていたころ、試合前に不振で悩んでいた4番の栗原健太（のちに東北楽天にも在籍。現中日一軍打撃コーチ）を連れて、中日の監督だったオチに相談に行ったことがある。

「相手から見て、（栗原は）どんなふうに感じる?」

すると、オチはこう言った。

「4番だからって、(走者を)全部還《かえ》そうとしているよ。内田さんねえ、打者ってそんなに打てないから、四球は四球で選べばいいんですよ。次の5番につないでチャンスを回せばいいのに、全部の球を追っかけて打とうとしている」

打撃フォームのことは言わなかった。「ボール球は打たない。失投を打つ。いかにワンスイングで仕留めるか」ということだった。全部打たなくていい。そう考えれば、余裕も出る。栗原は「気がラクになった」と感謝していた。オチが巨人にいたころから私自身も、三冠王3度の技術と思考を学ばせてもらった。

あの「シュート打ちの名人」と重なる坂本勇人《はやと》の内角打ち技術

オチが「天才」と評した「内角球さばき」ができるのが、19年シーズンのセ・リーグMVP(最優秀選手)に輝き、20年の11月8日に2000安打を成し遂げた坂本勇人《はやと》だ。31歳10か月での達成は、史上2番目の若さ(1位は、毎日・大毎・東京・ロッテなどに在籍した榎本喜八《えのもときはち》の31歳7か月)。スピード、ミート力、肩。走攻守のバランスに優《すぐ》れた遊撃手だが、新人だった07年のころは、マッチ棒のようにヒョロヒョロだった。

柔らかさが武器。打撃でも守備でも、体の力を抜くのがうまい。ウエイトトレーニングより、スイングをしながら、力をつけた。内野、とくに遊撃手は動き回る。スピード感が必要だから、ウエイトで固い筋肉をつけることは避けていた。

打撃では、プロ入りしたころから、左ヒジの抜き方、内角打ちは抜群にうまかった。「天性のうまさ」と表現してもいいだろう。野球以外は左利きで、左腕の操作性が高いことが理由かもしれない。「シュート打ちの名人」と言われた山内一弘《かずひろ》（旧登録名：和弘《かずひろ》）さん（元毎日・阪神など、元中日・ロッテ監督など）の打ち方にそっくりで、ダブって見えた。

私は、「基本はアウトコース打ち、インコース打ちは応用」という考えを持っている。

バットの構造を考えたとき、バットの芯はグリップから遠いところにある。体から離れたアウトコースであれば、ヒジが伸びたところでもボールをとらえられるが、インコースの場合は、後ろヒジを畳《たた》んで、バットの芯を体に近づける技術が必要になる。ヒジを畳めない選手は、ドン詰まりの打球になるだけだ。さらに、アウトコースを打つときよりも鋭い体の回転が求められるため、インコースを苦手にしているバッターが多い。坂本はインコースをさばく技術があったからこそ、若くして2000本ものヒットを打つことができた。

坂本に、「トップから45度の角度（で振り下ろす）を意識して、振ってみたら？」と話したことがある。悪くなると、スイングする際に後ろの部分が大きくなる傾向があった。「45度」を意識させることで、レベルスイングに近づけるのが狙《ねら》いだった。これは感覚の問題で、巨人の打撃コーチとして一本足打法の王貞治さんを指導した荒川博《ひろし》（一時期の登録名：博久《ひろひさ》）さん（元毎日・大毎、元ヤクルト監督・打撃コーチなど）は、「ワンちゃんは55度で振ると、レベルに近いスイングになる。いい角度になる」と話していた。

西武で本塁打王を獲得するなど、日本で357本ものホームランを放《はな》ったアレックス・カブレラ（オリックス、福岡ソフトバンクにも在籍）は、ティー打撃のときに極端なダウンスイングでワンバウンドを打っていた。だからといって、王さんもカブレラも、試合の打席でダウンスイングをしているわけではない。あくまでも、「こういうイメージで振る」ということを練習のときに意識づけているのだ。

坂本も阿部同様に、いいと思ったことはなんでもチャレンジする。以前はもろさがあったが、最近は「変化」ができる。ピッチャーによって、またはボールカウントによって、スタンスを広くしたり、始動を変えたり、ノーステップにしたり、小さい動きにしたり……。「俺《おれ》はこのスタイルなんだ」ではなく、多くの引き出しを持つ順応性こそが大きな武器だ。

野球とは面白いもので、守備側に主導権があるスポーツだ。ボールを持ったピッチャーが投げなければ、プレーは始まらない。バッターは、ピッチャーのモーションにタイミングを合わせ、様々な速度や変化のボールに対応しなければいけないのだ。言わば、受け身の立場である。受け身であることを理解したうえで、バッターはなにをするべきなのか。

最もシンプルな考えは、始動を早くすることだ。「1＝構え」「2＝テイクバックからの割れ」「3＝前足の足裏の母指球《ぼしきゅう》（親指の付け根の膨《ふく》らんだ部分）を踏み込んでのスイング」と仮定したとき、2の状態をどれだけ早く作り、2から3にスムーズに持っていくことができるか。阿部のファウル打ちでも解説したが、このときにグリップが一緒に前に出たり、頭がピッチャー方向に突っ込み、体の軸が崩れたりすると、対応力のないバッティングになってしまう。前に踏み込んだとしても、股間《こかん》の上に頭を置いておきたい。

坂本には、「後ろヒザの内側に第二の目があると思って、ステップしなさい」と話したことがある。ヒザに目があると思えば、間合いを感じながら体重移動を起こすことができる。感覚的には、「前に行きながらも、軸足に残す」。前足をドスンと踏み込んでしまうような選手には、とくに効果の高いアドバイスであろう。

こんな練習方法もある。右バッターであれば、左手でバットのグリップを持って、左足の前に突き出す。これを「つっかえ棒」にして、2から3の動きを繰り返すのだ。つっかえ棒があることで、軸足だけで立ってもバランスをとりやすくなる。

坂本は実戦での経験を重ねていく中で、左足の上げ方や下ろし方のバリエーションを増やし、「1、2、3（狙ったストレートをドンピシャでとらえる）」も、「1、2～3（理想的。ボールを呼び込み、変化球にも対応できる）」も、「1、2～の3（ストレートに合わ

バットをつっかえ棒にしたステップの練習法

前(投手側)の足をスムーズかつ素早く踏み出す練習を実演する著者。バットをつっかえ棒にし、前の足を浮かせながら繰り返し練習することで、体に覚え込ませる。

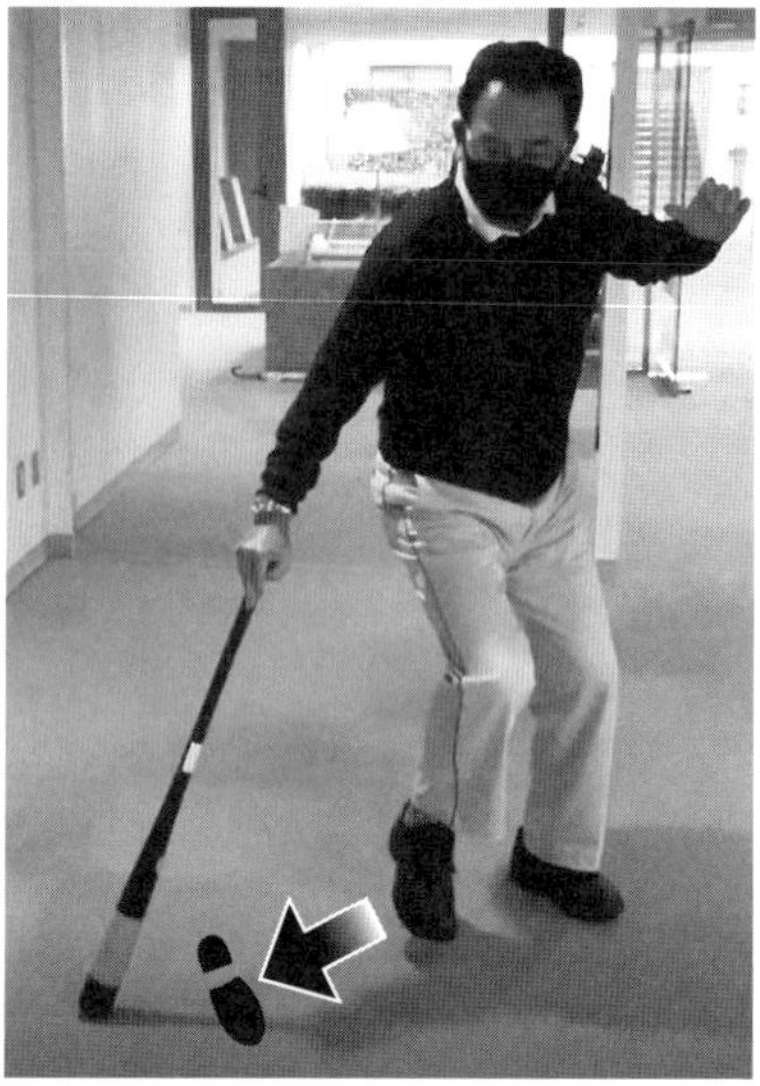

坂本勇人にポイントを前に置くように指導する著者。それが実を結び、2012年には最多安打、2016年には首位打者のタイトルを獲得する、屈指《くっし》の好打者に成長した。

せて、変化球が来たときの変形）」も、「2～3（クイックに対する早めの準備）」もできるバッターに成長した。ぜひ、テレビや球場で見る機会があれば、左足の使い方に注目してほしい。読者のみなさんが思っている以上に、豊富な引き出しを持っているのがわかるだろう。

しかし、坂本にしても順風満帆《じゅんぷうまんぱん》なシーズンばかりを送り続けたわけではない。伸び悩んでいる時期を乗り越えたからこそ、今の坂本がある。

坂本の前足がめくれるクセを克服したマル秘ドリル

私は、14年オフ（15年シーズン）に、3度目となる巨人の二軍打撃コーチに就任。15年オフ（16年シーズン）からは、一軍打撃コーチとなった。このころ、坂本は少し伸び悩んでいた。下半身が早くほどけてしまい、上半身と連動していなかった。私は、坂本にこう言った。

「打つとき、前足のつま先が地面からめくれ上がるだろ？　前のヒザとつま先を閉じて、スイングをするまで我慢してみよう」

前足のつま先がめくれると、前のカベが崩れることにつながる。どうしてもアウトコースの球に強い力を加えることができない。感覚的な表現だが、バットでとらえたときにボールが滑っていく。こうなると、ライトに飛んだ打球がスライス回転になり、伸びていかない。

私は、カベの作り方を助言した。ティー打撃で「左足のヒールを上げたまま打つ」というドリルを課した。私が坂本に正対するように立ち、体の真横からボールをトス。ピッチャー方向からのトスよりも、横からのボールを打つほうがカベを意識しやすくなるため、ピッチャーに対して胸を閉じたままスイングができる。さらに、ゴルフボールやテニスボールをかかとで踏むなどして「つま先立ち」の状態を無理矢理作り出し、つま先のめくれを我慢。いいピッチャーに崩されると、戻すまでに何試合か時間がかかるという一面もあったので、不調の期間ができるだけ短くなるようにメニューを組んだ。

坂本には、「今までアウトコースが10打数1安打だったのが、10打数2安打になれば、打率2割8分が3割近くになる。ファウルで粘れるようにもなれば、10打数のうち2つのフォアボールが選べて、8打数2安打になる。1本の安打、1つのフォアボールで、打率は上がっていくものだぞ」という話をした覚えがある。

首位打者のタイトルを獲得した16年ごろから、外角球への対応が良くなり、追い込まれてからうまく拾えるようになった。カベができている証拠だ。長打にもこだわりを見せている。

パワーが0《ゼロ》の状態から振り始め、1、2、3と上がっていき、ボールをとらえるインパクトの瞬間に10になる。その後は下がるのが普通の打者だが、10のあと、11、12と、さらに力を伝えようというイメージを持ってスイングをするのが坂本だ。広島の鈴木誠也《せいや》や福岡ソフトバンクの柳田悠岐《やなぎたゆうき》、オリックスの吉田正尚《まさたか》も同じ。フォロースルーで背中を叩くくらい振っている。オーバースイングじゃないかと思うこともあるが、逆方向にも大きな打球が飛ぶようになった。

思い出すのは、カープのコーチ時代にアメリカの教育リーグを視察に行ったときの話だ。メジャー経験のある打撃コーチは、スタンドティーを打つ若手に対し、2つのアドバイスしかしなかった。「ボールを見て打て！」「打ったら、背中を叩け！」。シンプルな教えである。ボールをよく見て、あとはフルスイングしろ。好調時の坂本は、この打ち方ができている。

19年シーズンは、ホームラン40本という「答え」が出た。「スピード」「正確性」「再現性」の3要素に、「パワー」が加わった。近年は下半身に故障の不安を抱《かか》えるため、多くの盗塁は望めないが、本来は「トリプル3《スリー》」が狙える能力がある。

今思えば、この男は運を持っていた。外れ1位で入団し、新人の07年、春のキャンプで一軍の紅白戦に呼ばれ、「試合に出てから、ファームへ戻れ」と言われた出番で安打を放《はな》った姿が印象に残る。さらに同年、プロ初安打が決勝点だったのも印象深い。

レギュラーに定着したばかりのころ、原監督は何度もスタメンから外そうと思ったそうだ。そのたびに坂本は危機を乗り越え、今の地位を築いた。運を味方につけ、チャンスを自《みずか》らの手でつかみ取った。

これまで巧打者タイプが多かった遊撃手で、主役を張れる坂本は歴代最高に近い。高卒2年目の坂本を抜擢《ばってき》した原監督のいちばんの「作品」と言える。

岡本和真《かずま》への打撃で大事な「間合い」をとるアドバイスは、「かず〜よ」⁉

高卒の生え抜きスターの座を継ぐのは、現4番の岡本和真《かずま》だろう。私の15年の巨人復帰と同時に、ドラフト1位で入ってきた。彼もまた、思い出深い選手だ。

巨人の巡回打撃コーチだった19年夏の初め、一軍で4番を務める岡本から電話がかかってきた。

「僕のバッティング、どうですか?」

一軍には、一軍の打撃コーチがいる。逡巡《しゅんじゅん》したが、不調で苦しんでいるのは知っていた。ファームのコーチである私に電話をしてきた岡本の気持ちを酌《く》み、こう返した。

「あんなに大きくタイミングをとらなくてもいいんじゃないか?」

バックスイングをする際、悪いときは投手から背番号が全部見えてしまう。軸足に体重を乗せることばかり考えて、体の後ろにバットが入りすぎてしまう悪いクセがあった。

「あんなに背中や背番号が見えるようなタイミングのとり方をしちゃダメだ」

「開くのが嫌《いや》だから、どうしても左肩を入れちゃうんです」

「それじゃダメだって。自分の『ライン』を作って、先にリズムをとって、トップの位置で待っていないと。お前の力なら、反動なんて使わなくても（打球は）飛んでいくだろ」

ラインとは、思い描いた投球の軌道に対し、自分の目、前の肩、腰を、打つポイントに合わせること。投手はこれを崩すために、内角や変化球を投げ込む。悪いときの岡本は、自分でラインを変えてしまう。構えたとき、二塁手のほうを向いて、体をねじる。ここから振り出すと、反動を使おうとするため、かえって開きが早くなることがある。強くバットを振るために、ねじりは絶対に必要だ。

ただ、岡本の場合には上半身でねじりを作ろうとするクセがある。ねじりは、下半身で生み出すもの。その感覚があれば、背番号がまるまる見えるほど過度に上体をねじることはなくなる。それによって、仮想のラインが安定するはずだ。

前のカベをしっかり作る。左ヒザ、左肩を入れすぎないようにする。ステップした左足がめくれないようにする。トップの位置が早く崩れないようにする。岡本のチェックポイントはいくつもある。入団当初からそうだった。左足の上げ方にしても、ねじることにしても、強く遠くへ飛ばそうと、ステップやスライド（体重移動）が大きくなる。ポイントが近くなり、詰まらされることが多かった。悩んだかいがあり、8月には復調。19年は31

本塁打、94打点をマークした。そして20年は、31本塁打、97打点で、「二冠」に輝いた。

岡本は、入ってきたころから、すでに入団2年目当時の松井秀喜に匹敵《ひってき》する体の大きさだった。とくに下半身の太さには驚かされた。ただ、外見は大きくても、体幹《たいかん》や体力はプロのレベルではなかった。これも、松井と共通していた。

長嶋茂雄さんにも見てもらったことがある。長嶋さんはバッターボックスの後ろに回り、「ちょっと、センターのほうを見て立ってみなさい」と、言葉をかけた。岡本がバックスクリーンを向いて立つと、長嶋さんは「あ、いいですよ」と頷《うなず》いていた。松井のところでも語ったが、立ち姿や姿勢をとても大事にする方だ。

このころ、岡本と一緒にやった練習がある。それは、スイングに「間《ま》」を作ること。「1、2、3」ではなく、「1、2~の3」で振ることだ。

「彼女の名前はなんだ？　明美なら『あけ~み』で打て。間合いがとれないから、『りさ』とか2文字はダメだぞ」

「言うのが恥ずかしいなら、うちの女房《にょうぼう》の名前を貸してやる。『かず~よ』だ。『かずよ』じゃないぞ」

打撃において、「間合い」は最も大事な要素の1つ。投手がボールを持っているとき、投球モーションに入ったときからスイングは始まっている。厳密に言えば、バットを振り始めてはいないのだが、体のどこかでタイミングをとっている、ということだ。受け身の立場のバッターだからこそ、ピッチャーよりも先に動き出せる準備をしておきたい。

そこで重要になるのが、ボールの見方だ。目でボールをとらえるタイミングが遅くなれば、体の反応も当然遅くなり、ストレートに差し込まれる原因にもなる。ボールをどう見ているかは、第三者がなかなか評価できないところだけに、指導するのが難しい。一方で、見方ひとつでタイミングがとれるようになるバッターが多いのも事実だ。

まず、重要なことはボールの軌道をイメージすること。ひと口に「ストレート」と言っても、ピッチャーによって球質はまったく違う。イメージしたうえで、ピッチャーが動き始めたら広い視野でフォームをとらえる。テイクバックに入ったら、目線を先回りさせて、リリースポイントのあたりに焦点《しょうてん》を合わせておく。そして、ピッチャーの手からボールが離れる瞬間をしっかりと見る。リリースの瞬間を見逃してしまうと、どれだけトップを早く作っていても、間合いを感じることができなくなるのだ。リリースを見る訓練をしていくと、感覚に優《すぐ》れたバッターは球種までわかってくるようになる。実際に打席に立つのがいちばんいいが、ベンチでもネクストサークルでも、訓練はできる。

リリース後は、第一ゾーン（リリースポイントから、ホームプレートとマウンドの半分の地点）、第二ゾーン（第一ゾーンの終了点から、バッターの2～3メートル手前まで）、第三ゾーン（第二ゾーンの終了点から、インパクトまで）と分けて、目で追っていく。たいていのバッターは第二ゾーンまでしか追えていない。実際にインパクトまで見るのは不可能に近く、軌道を予測する能力が必要になるが、第三ゾーンまで追い続ける意識と感覚を持っておきたい。

ファームで7番じゃ意味がない！ 巨人二軍監督になり、岡本を4番固定

前述したが、松井秀喜が「剛」の打者なら、阿部慎之助と同様に、岡本和真も「柔」。柔軟性がなく、引っ張り専門だった入団当初の松井のほうが飛距離は上。一方でポッチャリした体格の岡本はヒジの柔らかさとバットのしなりが使えるため、逆方向にも大きな打球を飛ばせた。

松井ほどの強さがあれば別だが、プロで活躍するには腕の柔らかさを持っているかどうかが、活躍のカギを握る。「ガツン！」と打つだけではなく、「フワッ」と拾える柔らかさがなければ、プロのピッチャーはなかなか打ち崩せない。

これまでの経験上、パワーを持った選手が柔らかさを身につけるのは難しいが、柔軟さを持った選手がパワーをつけることは不可能ではない。前田智徳《とものり》（元広島）や坂本がそのタイプだ。プロでトレーニングを積むことによって、体は変わる。もし、私が球団のスカウトであれば、「腕回りの柔らかさ」に重きを置いて、選手をチェックするだろう。

17年7月、当時の斎藤雅樹《まさき》二軍監督（元巨人）が一軍投手コーチに配置転換された。巡回打撃コーチだった私は、7月途中、鹿取義隆《かとりよしたか》GM（＝ゼネラルマネージャー、元巨人・西武）、石井一夫《かずお》球団社長に呼ばれ、二軍監督に任命された。私は、こう聞いた。

「カープ方式でやっていいですか？」

「自由にやってください」

「では、中堅のスタンバイ選手より、若手を優先します」

スタンバイ選手とは、ある程度一軍で実績がある中堅以上の選手で、現在は二軍で待機しているという意味。巨人には三軍があるが、「若い選手を使おう」と決めた。「カープ方式」とは、二軍は勝敗を度外視し、選手の育成を優先することを指す。カープは5年先を見据《みす》え、若手を実戦で起用する。強化指定選手は、二軍で7番などを打っていた高卒3年目の岡本、大卒ルーキーの吉川尚輝《なおき》のドラフト1位コンビだ。

あのころの岡本はくすぶっていた。一軍なら仕方ないが、「打てないから」と、二軍で7番では意味がない。なにか原因があるなら、遠征から外して、居残り練習などを課せばいいと思っていた。なにがあっても、岡本は4番に固定すると決めた。たとえ二軍でも、打てなくても、責任、重圧を感じながら、4番に執着《しゅうちゃく》する感覚を持たせたかった。

二軍での失敗など、なにも気にすることはない。失敗したときも成功したときも、「なぜか」を考えて、その日のうちに答えを出す。選手にはよく「1つ、バックしなさい」という伝え方をした。思考を一段階前に戻すのである。例えば、甘めのストレートに差し込まれたとする。では、なぜ差し込まれたのか。始動が遅かったのか、あるいは打ちたい気持ちが強すぎて力《りき》んだのか。ならば、始動が遅くなった理由はどこにあるのか。立ち方がいけなかったのか、ベンチにいるときからタイミングをとっていなかったのか……。こうして、1つずつ理由を探《さぐ》っていくと、必ずなんらかのヒントが見つかるものだ。

結果が出たときにも、バックする必要がある。「なんとなく打てた」では長続きしないからだ。選手は結果が出ないときにあれこれ考えがちだが、結果が出ているときにも、「なぜ?」の問いが必要。「調子が良い」だけで片づけていたら、一過性のもので終わってしまう。調子の良さを自分の言葉で説明し、理解できなければ、好結果は続いていかない。

なぜ、4番というポジションに置かれているのか。ワンバウンドを振って、三振してもいい。なぜ、振ってしまったかを考えればいい。そこでスイングが小さくなってしまってはいけない。次の日まで引きずってもいけない。岡本には、「小手先のことはしないで、しっかり振りなさい。その中で、選球眼を磨きなさい」と話していた。

7月後半からは、1試合2本塁打を打つなど、状態が上がってきた。

いちばんの魅力は、体が強いこと。18年は右手に死球を受け、小指を骨折しながらも、試

岡本和真にトップの位置から振り下ろす際のグリップの入れ方、角度を指導する著者。

合に出場し続けた。普通なら振れないだろう。「無事これ名馬」と言うが、松井秀喜、江藤智、金本知憲《かねもとともあき》（元広島・阪神、元阪神監督）、山本浩二さん……。スターは休まなかった。「石の上にも三年」と言う。岡本が巨人の4番に定着して、20年シーズンで3年。もう、一流と呼ばれる領域に入りつつある。松井や阿部、坂本、原監督もそうだが、チームは生え抜きが引っ張らないといけない。岡本は、歴史に残る選手になり得る。

巨人の二軍監督時代、「使うのは3試合中1試合」と非情通告した中堅3選手

一方で、巨人の二軍監督時代に、この若手優先の方針によって、弾《はじ》かざるを得ず、申し訳なかったと思っている選手が3人いる。

先述したように「カープ方式でやります」と、鹿取GMと石井球団社長に宣言し、17年7月、巨人の二軍監督に就任した。私は、それまで二軍で7番だった岡本を4番に固定した。

この方針により、犠牲になったのは、実績のある「スタンバイ選手」。松本哲也《てつや》（17年の引退当時、33歳。18年は巨人三軍外野総合コーチ、19年はファーム外野守備・走塁コーチ、現巨人二軍野手総合コーチ）、藤村大介（同28歳。18年は「ジャイアンツアカデミー」コーチ、19年はファーム守備・走塁コーチ、20年は三軍内野守備・走塁コーチ。現在は巨人球

団職員で、ファンサービス業務を担当)、堂上剛裕《どのうえたけひろ》(同32歳。18年は巨人スカウト、19年は巨人ファーム打撃兼外野守備コーチ。現在は中日球団職員で、イベントなどの業務を担当)の3人である。実力は、若手より彼らのほうが上。彼らが二軍の試合に出れば、結果を出すだろう。試合にも勝てるだろう。とくに松本なんて、少し前までは一軍でもレギュラークラスの選手だ。

カープの二軍監督を務めていたときは、松田元《はじめ》オーナーには「勝たなくていい」と、はっきり言われていた。

「その代わり、1試合、1打席でもいいから、一軍に上がれる選手を作ってくれ」

二軍が勝利優先であってはならない。「一、二軍を行ったり来たりしている選手は、二軍では出場機会が限られる」という球団方針がカープにはある。常に、5、6年後に出てくる可能性がある選手をドラフトで指名している。5年が経過して一軍に定着していなければ、二軍では次の世代が優先される。私は、松本たち本人を呼んで、こう告《つ》げた。

「3試合あれば、使うのは1試合になる。育成のため、若い選手を優先する。松本は守備、藤村は足、堂上は代打。みんな一軍での役割があるだろう。緊張感がある場面で使うようにするけど、二軍の試合で打ったからといって、一軍に推薦《すいせん》することはないから。あくまでスタンバイ選手として、一軍から呼ばれたときに行ける準備をしといてくれ」

はっきり言って、非情な通告だ。3人ともその年限りで引退したことは、今でも心が痛む。

それでも、3人全員がのちにファームのコーチに就任。試合に出られないとわかっていても、腐《くさ》らずに若手の手本になってくれた。そんな姿勢、立ち居振る舞い、行動を、球団は評価した。岡本のような選手たちは、彼らの思いも背負ってグラウンドに立たないといけない。

タイミングが遅れても逆方向へすっ飛ぶ高橋由伸の打球の秘密

18年シーズン、その岡本を我慢強く4番に据《す》え続けたのが、高橋由伸前監督だ。選手としては、まさに「天才」。私は、コーチとしてなにかを教えた覚えがない。

1998年、慶應義塾《けいおうぎじゅく》大学から逆指名で入団。最初からスイングの軌道がきれいだった。幼少期から父親に長い竹ざおを渡され、素振りをしていたという。おかげで、上からインサイドアウトでスムーズにバットが出る。トップからの振り出しで、後ろヒジが体から離れれば、長い竹ざおを振るのが難しい。しかも、まだ力のない子どものころだ。力がない中で、効率良くスイングするにはどうしたらいいのか。ヒジの入れ方は、感覚で覚えたという。

東京六大学23本塁打のリーグ記録をマークしたほどの彼が衝撃を受けたのが、98年、最初の春のキャンプでの松井秀喜の引っ張った打球、清原和博の逆方向の打球だったそうだ。「飛距離は2人にかなわない。同じような方向性ではダメだ」と、広角打法を心がけるようになったという。

ともにクリーンアップを張った松井、清原と比べ、圧倒的な体格ではないものの、子どものころから長い竹の棒を振っていた成果で、ヒジの入れ方がうまく、バットのヘッドが使える。プロ入り後も、長い棒を使った練習を取り入れていた。

由伸は、なぜ「天才」と言われるのか。解説する。

センターから逆方向への意識が強く、洞察力《どうさつ》、観察力に長《た》けている。早めに始動し、自分の間合いで待てる。打ち方は、バットをヘルメット付近の上段に構え、一度肩のあたりにグリップを落とす。そして、右足を高く上げる。ブレが大きいにもかかわらず、ミート率が高い。これは、下半身から上半身への連動がうまいため。腕を畳んでインサイドもさばける。

前のカベが崩れないため、バットのヘッドが走る。ヘッドスピードが速ければ、打球は飛ぶ。要するに、間合いのとり方、ヘッドの使い方、回転運動がうまいのだ。タイミングが遅れ、詰まったようでも、逆方向へすっ飛んでいくのは、こういう理由から。クルクル回るコマで言えば、芯棒《しんぼう》がしっかりしている。由伸は、スイング時にグラグラしない。それが、ほかのバッターとの決定的な違いだ。

ただし、この打ち方は強靭《きょうじん》な下半身があってこそ。春季キャンプ中、全体練習後に室内練習場にこもって、ティー打撃を繰り返すのが日課だった。1日に600〜800球。スタンスをあえて広げた状態で、低めの球を強く打ち返す。徹底的に下半身をいじめ抜いた。しかし、ファンの前では決して、こうした姿は見せない。それが由伸だった。

由伸が監督就任早々の15年秋、一軍打撃コーチの私は、「監督自身がやった長い棒で振る練習を、秋のキャンプでやったらどうか?」と提案し、打撃練習に取り入れたこともある。

1度目の監督は、わずか3年で退任となった。土を耕《たがや》し、種をまき、水をやって、芽が出てきたものの、花が咲く前に終わってしまった。由伸巨人2年目の17年から私は二軍のコーチになったが、同年に13連敗を喫《きっ》したときは苦しそうだった。それでも、18年には高卒4年目の岡本を4番打者として使いきった。この年の岡本は、打率3割0分9厘、33本塁打、100打点の好成績。指揮官として高橋監督はまだまだ手探《てさぐ》りの時期で、「あと1年やっていたら」と、残念でならない。

原監督の第2次政権が10年間も続いたあとに、バトンを受けた。しかし、原色《はらいろ》から由伸色に変える前に終わってしまった。最も気の毒だったのは、就任1年目の16年の開幕戦など、事あるごとに15年に起きた野球賭博《とばく》問題の謝罪を強《し》いられたことだ。

一軍でともに戦ったのは、16年の1年だけだったが、当時の堤辰佳《つつみたつよし》GMに「支えてあげてください」と言われたにもかかわらず、打撃コーチとして青年監督を支えられなかったのは無念だ。次の機会を応援したい。

長い棒をスイングすることでバットのヘッドを使えるようになる。高橋由伸流の練習法だ。

楽天家・元木大介と神経質・清水隆行《たかゆき》に見る、プロで成功する真逆《まぎゃく》の性格

現役時代に「クセ者」と言われた元木大介が、巨人のヘッドコーチに就任すると誰が思っただろうか。チャランポランなイメージが定着していたが、実はそれだけの男ではない。性格はポジティブ。常になにかをやってやろうと、周囲に目を配っているから、観察力、洞察力が優《すぐ》れている。猛練習するタイプではないが、遊び心があって、感性が鋭い。

元木が現役のころ、私は巨人の一軍打撃コーチを務めていて、大胆だなと感心することが多かった。打席でアウトステップしながら、大きな空振りをする。まるで内角を待っているように見せながら、次の瞬間、外角のボールを踏み込んで、ヒットを打つ。投手の失投ではなく、元木がそこに投げさせたのだ。そんなしたたかな一面もあった。

スコアラーが提示する「投手のクセ」などは、普通、70～80％以上の確率がないと、試合では使えない。それが、元木の場合、「少しでも確率を上げたい」と50％以下でも割り切ってチャレンジした。そのため、読みが外れると、簡単に見逃し三振をして戻ってくる。そして、ベンチで悪びれずに、こう言うのだ。

「内田さん、3球アウトローに決められたら、打てませんわ」

あとでビデオを確認すると、外角低めではなく、甘い球だった。悪く言えばいい加減、良く言えば切り替えじょうず。そして、野球をよく知る元木は、決して足が速くないのに、走塁でも驚きのプレーを見せていた。

例えば、三塁走者の際に三塁ゴロが飛ぶと、三本間に挟《はさ》まれながら、すぐにタッチをされないように粘り、打者走者を二塁へ進ませた。決して足は速くないのだが、二塁から三盗を仕掛けることもあった。聞けば、投手の牽制《けんせい》のクセがわかったからだという。

松井秀喜ら主力はあまりもらうことがない長嶋茂雄監督からの「監督賞」を、元木はよく手にした。言葉は悪いが、「こすい」ことが得意。「クセ者」というニックネームは長嶋監督が命名したもので、そう言われる理由が確かにあった。よく野球を知っていて、どちらかというと広島に合いそうだが、元木が得意とする、相手のスキを突く野球は、今の巨人に足りない部分でもある。ヘッドコーチは適任だと思っている。

また、元木とは逆の「神経質」というか「マメ」なタイプも、プロで成功しやすい。長嶋監督の大補強時代を生き抜いた清水隆行《たかゆき》（一時期の登録名：崇行《たかゆき》／のちに、埼玉西武にも在籍）がそうだ。

95年オフのドラフト3位で入団。1年目の96年から外野のレギュラーに定着したものの、当時の外野には松井秀喜がいて、清水が3年目の年（98年）に、鳴り物入りで高橋由伸が入ってきた。左打者2人はレギュラー確定。残り1枠に清水が入ると、外野手3人が全員左打者になってしまい、バランスが悪い。そのため、長嶋監督は、左翼に右の外国人のマルティネスを補強した。清水が前年に3割打っていようが、年が替われば常に助っ人やほかの右打者との競争が待っていた。松井や由伸とは違い、キャンプの練習も軽めには流せず、気の休まるときもない。本来なら左打者3人はあり得ないことだが、抜群にうまかった内角打ちを武器に、左投手も苦にしなかったため、競争に勝ってレギュラーを張り続けた。

ポジションを死守するために、ひたすらバットを振った。清水は「神経質」な男である。ほかの選手との違いは、状態がいいときでも「気にしている」ということだ。3割をマークしていても、「大丈夫でしょうか?」と聞いてくる。常に不安だったのだろう。

松井、由伸は自分の技量を勝利に生かすことだけを考えればいいが、清水はそれ以前のところで、チーム内で勝負しないといけない。クリーンアップを張っていた2人の影響か、晩年は長打を欲しがった。その分、人よりバットを振っていたし、ウエイトトレーニングなども行っていた。だから、引き出しが多い。

元木のようになにがあっても気にせずに切り替えられる楽天家か、清水のようにとことん気にする神経質な性格が、プロでは成功する。中途半端な選手は、得てしてダメ。調子が悪いときだけバタバタして、いいときは振り返らない。大部分がこのタイプなのだ。

自分を持っていた名バイプレーヤー・仁志敏久《にしとしひさ》と矢野謙次《けんじ》への指導法

清水と同期入団の仁志敏久《にしとしひさ》も、なくてはならない名バイプレーヤーだった。仁志は、自分の野球観を持っていた。私が打撃コーチだった95年オフに、日本生命から逆指名のドラフト2位で入団。常総《じょうそう》学院高校、早稲田《わせだ》大学で主将を務めたエリートだ。常総学院では、名将・木内幸男《ゆきお》監督に野球を教わっている。私が知る中で有数の「野球博士」だった。

171センチと小柄ながら、パンチ力はある。アマ時代は中軸として自由に打ってきたのだろうが、巨人ではそうはいかない。クリーンアップには松井秀喜、落合博満、仁志の入団2年目には清原和博がFA移籍してきた。周囲から「巨人は4番打者ばかりを集める」と揶揄《やゆ》された時代。仁志は、脇役に回らざるを得なかった。スイングアーク（円弧《えんこ》）が大きく、粗《あら》かったため、コンパクトなものに修正した。

最初のうちは、バント、進塁打といった小技が苦手だった。それでもチームが仁志に求めていることが正確にできるよう、「小技をもっと練習しよう」「広角に打とう」と助言した。これまではバットを短く持つこともなかっただろう。最初は戸惑《とまど》っていたが、自身の役割を理解し、意識を変えた仁志は、逆方向への打撃を徹底的に練習し、自分のものにした。これが長くレギュラーを張る武器となった。

自分を持っていると言えば、20年シーズンは北海道日本ハムファイターズの一軍外野守備コーチ兼打撃コーチ補佐、21年はファーム打撃コーチを務める矢野謙次《けんじ》を思い出す。

02年オフのドラフト6巡目入団ながら、打撃はシュアでパンチ力もある。左投手の内側に入ってくる球に強い。走攻守のバランスのいい選手だった。私が一軍打撃コーチだった06、07年が接点。サブメンバー中心の早出打撃練習を毎日のようにやったことが思い出深い。

07年の交流戦（5月31日、対福岡ソフトバンク）で代打逆転満塁本塁打を放《はな》った際は、ベンチで鳥肌が立った。勝負強かった矢野は、よく監督賞を手にしていたイメージがある。

明るくて物怖《ものお》じしない。人懐こくて真《ま》っ直《す》ぐな性格。本気で接すれば応《こた》えてくれるが、理《り》不尽《ふじん》なこと、うわべだけのアドバイスは見透かされる。矢野への指導の注意点は、同時に2つも3つも言わないこと。例えば「右ヒジを入れて打とう」と言ったら、それだけを反復する。頭ごなしに言うより、最終的にそこに行き着くよう、外堀から攻めるようにした。ポイントを絞《しぼ》り、教えすぎないことを意識した。

13年には代打の打率3割5分8厘、球団新記録のシーズン代打19安打をマークした。層が厚い巨人で、「代打の切り札」という地位を確立した。

私も現役時代の後半、代打での起用が多かったので、その醍醐味《だいごみ》も難しさもわかっている。チャンスで使ってもらえるため、ヒット1本が得点につながることが多く、打てばヒーロー。逆にチャンスで凡退すれば、「あーあ」と球場のため息を一身に受けることになり、精神的にキツい。しかも、代打は1日1打席。打てない日が続くと、1か月近くノーヒットなんてこともあるのだ。私は代打で年間15安打を目標にしていたので、この13年シーズンの矢野の19安打がいかに素晴らしい数字なのかがわかる。

代打で生きるための鉄則は、「仕掛けの早さ」に尽《つ》きる。ファーストストライクからどれだけフルスイングできるか。ボールを待つタイプのバッターは、代打に向いていない。その点、矢野は迷いなく振れるタイプ。振りながらタイミングを合わせていける技術を持っていた。

矢野は北海道日本ハムにトレード移籍するとき、引退するとき、日本ハムでコーチに就任するとき、そんな節目《ふしめ》には必ず連絡をくれた律義《りちぎ》な男。19年は、テキサス・レンジャーズでコーチ修業をしてきたと話していた。仁志同様、勉強熱心。指導者に向いていると思う。

「腰をグッグッグッ」「インパクトはパンパンパーン」…長嶋茂雄さん流指導の成果

指導者と言えば、縁《えん》もゆかりもない私を最初に巨人に呼んでくれたミスター・長嶋茂雄監督は、私の恩人である。

私が広島の一軍打撃コーチになったばかりの84年。当時、巨人のユニフォームを脱ぎ、浪人時代だった長嶋茂雄さんが、一日コーチとしてカープの宮崎・日南《にちなん》キャンプへやってきた。当時の古葉竹識《こばたけし》監督（元広島・南海、元広島・横浜大洋ホエールズ監督）との関係で実現したものだった。

カシミヤのセーターを着こなした長嶋さんは、1番に定着していた高橋慶彦《よしひこ》（のちにロッテ、阪神にも在籍）や外野のレギュラーを確保したばかりの長嶋清幸《きよゆき》（のちに、中日、千葉ロッテ、阪神にも在籍）に直接指導。まずは慶彦のフリー打撃を数分間見て、こうアドバイスした。

「高橋君ね、腰を『グッ』『グッ』『グッ』と切るんだ」

きょとんとしていた慶彦が打撃練習を再開すると、目が覚めるような強い打球に変わった。

「そうそうそう、それグーよー」

今度は、長嶋清幸にこう言った。

「長嶋君ね、インパクトは『パーン』じゃなくて、『パン』『パン』『パーン』よ」

あの独特の言い回しで、身ぶり手ぶりの指導。私は傍《かたわ》らで、長嶋さんの言葉をメモした。

長嶋清幸の打球も、明らかに速くなった。

長嶋さんが帰ったあと、慶彦は私にこう確認しに来た。

「腰をグッグッグッていうのは、どういう意味なんですか？」

「お前、打球が変わっただろ？　腰に力が入っただろ？　腰を素早くスピーディーに回しなさいということだ。それが、『グッグッ』なんだよ」

「そうなんですか」

長嶋清幸も首をひねりながら、こう漏《も》らした。

「パンパンパンって、なんなんですかね？」

「お前はインパクトがパンで終わっているから、パンパンパンっていうのは、一度打ったら、もう1つ、もう1つ振り切りなさいってことを言っているんだ」

「わかりました」

これが有名なミスター流か。こういう教え方があるのかと驚いた。同時に自分にはできないと感じた。実績のある長嶋さんの言葉の重み、オーラがあればこそ成立するもので、実績のない私には到底無理である。

長嶋さんに関しては、こんなエピソードも聞いたことがある。監督を離れ、解説者やコメンテーターとして活躍していたころ、気になるバッターがいると、球団の宿舎に電話をして、スイングの音を聞いていたという。例えば、阪神の主砲・掛布《かけふ》雅之《まさゆき》。「掛布君、ちょっとスイングしてみてください」「ブンッ！」「はい、いいですよ」。電話越しに、音がどこまで聞こえるかは定かではないが……、長嶋さんらしい話ではないだろうか。

こうした話を耳にするたびに、私ができることを考えるようになった。指導者として、なにができるのか。そう考えたとき、答えは「選手と一緒に汗を流し、選手の成長を手助けする指導をしつこく続けること」しかない。

長嶋さんの指導をメモしたキャンプから10年後。広島で二軍打撃コーチを務めていた私に、第2次政権が始まった長嶋監督率いる巨人からオファーが届いた。「ファームで若い選手を育てて、1人でも2人でも一軍に押し上げてほしい」と言われ、縁もゆかりもない私が、94年から巨人のコーチになった。結局、巨人では計16年間ユニフォームを着させてもらった。長嶋監督は恩人である。

長嶋監督は凡退してうつむく松井の背もたれを蹴り、「巨人の4番道」を説いた

4番打者として育成すると決めた松井秀喜には厳しかったのが長嶋監督。「4番1000日計画」の英才教育を長嶋監督から受けた松井は、試合中のベンチでは常にホームベース寄りの最前列に座っていた。そこは長嶋監督の真ん前でもある。

松井が4番に座ってからも、チャンスで凡退し、ベンチで下を向いていると、長嶋監督は松井の背中越しにベンチをガーンと蹴り飛ばした。当然、松井はビックリする。長嶋監

督は表情を変えず、前を向いたまま、こう諭《さと》した。

「4番なんだから、弱さを見せるな。目を見開いて、前を向いとけ」

巨人ベンチは、常にテレビカメラに狙《ねら》われている。マスコミに「試合中に、長嶋監督が松井に説教」などと騒がれないよう、グラウンドを見ているように前を向いたまま、「巨人の4番道」を教育していた。決して凡打に怒っているわけではない。立ち居振る舞いを注意していたのだ。

ある試合で完封負けを喫した。試合後、モニターを見ていると、「松井、清原……クリーンアップが打てないんだから、お手上げですよ。完敗です。また、あしたですね」と、冷静に敗戦の弁を述べていた。会見後、監督室のドアを蹴り上げる音がした。見ると、すごい剣幕《けんまく》の長嶋監督だった。マネージャーが走り寄る。まだ3連敗なのに……。かつて在籍したカープにはない緊張感だ。すると、長嶋監督の怒声《どせい》が通路に響き渡った。

「バッティングコーチを呼べ！」

私は、あわてて監督室のドアをノックした。

「ウッちゃん、ウッちゃん、座って、座って」

怒鳴《どな》られるかと思っていた私は拍子《ひょうし》抜けした。長嶋監督は怒っているわけではなかった。

「あしたのメンバーをいじって考えてきてくれ。私も考えるから」

「わかりました」

長嶋監督がチーム内にピリピリムードを出すための演技だった。ベンチ裏ではステテコ姿でマッサージを受けているのに、首脳陣がメンバー表を見せて「よし、これでいいだろう」と言いながら、いったんユニフォームを着ると、スイッチが入る。監督室のドアを開《あ》けて「頑張《がんば》りますよ～。今日は頑張りましょうね～」と出てきたときには、すっかり「長嶋監督」になっている。ふがいない試合後、コーチや選手に怒ることはあっても、根に持つことはない。ものの5分や10分で切り替わっている。さっさと身支度をすませると、パリッとしたジャケットを着て、「また、あした～」と、さっそうと帰っていく。

93年オフに私が広島から巨人のコーチになる際、山本浩二さんに「長嶋さんに『ちゃん』づけで呼ばれるようになったら、本物だ。『ウッちゃん』と言われるように、頑張ってみな」と送り出された。長嶋監督は、あるときから私のことを「ウッちゃん」と呼んでくれていた。

3度の政権すべてでコーチを務めた私が実感！ 原辰徳監督の各時代の違い

長嶋監督のあとを継ぎ、現在は第3次政権に入っている原辰徳監督は、ミスターとは違ったタイプの指揮官だ。

95年限りで現役を引退していた現在の原辰徳監督（当時、解説者）は、98年オフに一軍野手総合コーチに就任した。私も同じタイミングで二軍から一軍打撃コーチに。原コーチは打撃、守備、投手、メンタルなど、多方面にアンテナを張っていた。将来的に監督になるためだった。

そして、原監督就任1年目の02年、私は一軍打撃コーチとして、ともに日本一を経験させてもらった。私はこのシーズン終了後にカープに戻ったが、原監督の第2次政権が始まる05年オフに声をかけてもらい、巨人に復帰した。原監督には、熱い口調でこう言われた。

「内田さん、今度こそ、思っている野球がやりたい。だから、優勝したいんです。力を貸してください。お願いします」

私は意気に感じた。原監督の第1次政権は、02、03年のわずか2年間で幕を閉じた。よほど悔《くや》しかったのだろう。それから2年。充電中に人の動かし方なども勉強したのだと感じた。

2回目の政権は、投手交代など、すべてがスムーズになっていた。06年から2年間、私は一軍打撃コーチを務めた。06年はチーム打率2割5分1厘で、リーグ最下位。私は原監督に、「降格でも、配置転換でも、クビでも構いません」と申し出たが、「いや、頑張ってください」と止められた。翌07年のチーム打率は劇的に上がり、2割7分6厘で同トップ。リーグ優勝を果たしたものの、シーズンが終了すると、原監督から電話があった。

「内田さんとは来季の契約は結ばない方向です。僕が呼んだのにすみません。ありがとうございました」

「いやいや、こちらこそ丁寧《ていねい》にありがとう。呼んでいただいたのに、力になれなくて申し訳ない」

こういう通告は普通、フロントに言われて終わりのケースが多い。球団がコーチ陣の若返りをするためだと聞いた。02年のときはカープに戻ることが決まっていたが、今回は本当にクビ。さあどうするかと思っていたら、広島の山本浩二さんからの電話が鳴った。

「原監督から聞いたぞ。それなら、カープに戻ってこい」

どうやら、原監督が浩二さんに連絡を入れてくれたようだ。

あのとき、言っていた原監督の「やりたい野球」とはなにか。1点を防ぎ、1点をもぎ取る。馬なりではなく、足を絡《から》めながら動く。緻密《ちみつ》さ、細かさも大事にした。目的はあくまで勝つこと。一貫して勝利至上主義を掲《かか》げ、全員に自己犠牲を求めた。戦略や采配《さいはい》面で動く野球を好むのは、アマチュア球界の名将だった父・原貢《みつぐ》さんの影響だろう。

それが、第3次政権が始まる18年オフの就任時には、「ノビノビ野球」を打ち出したことに驚いた。これは原監督の好みではない。今の選手の気質や時代に合わせながら、指揮を執《と》っているのだ。

特別対談

中編

内田順三×清原和博

結果を残すための「清原流」バッティング論

清原和博のバッティング論

清原「ウエイトトレーニングだけでなく、ランニングも大切」×「キヨのすごさは、前足のカベにある」内田

内田　今日はせっかくの機会なので、キヨに聞いておきたかったことがあるんだよ。構えに入るときに、必ずバットを見てから、ピッチャーを見るでしょ？　すぐにピッチャーを見ることがなかった。あれはどんな意図でやっていたの？

清原　まずはホームベースを見て、それからバットを見るんです。そこで真《ま》っ直《す》ぐ立つ意識づけですね。そうやって真っ直ぐ立ったあとに、軸足のほうに下半身をキュッとひねることによって、軸足に力が入る体勢を作っていました。

内田　ひねりを作る感じか。反動を使って打とうとするバッターが多いけど、下半身のひねりを使えば、下半身で作った力をバットに伝えていくことができる。キヨは、そのあたりがうまかった。

清原　プロに入ってから、自然にやるようになっていました。「いつもカメラ目線になっている」と言われていたんですけど、バットを見ることで真っ直ぐ立つ感覚がつかみやすか

ったんです。

内田　なるほどね。ジャイアンツに来てから本格的に始めたウエイトトレーニングに関してはどう？　車で例えるなら排気量を上げていくことは絶対に必要だと思うけど、排気量が上がれば上がるほど、ドライバーのテクニックが求められる。以前、キヨに聞いたときには、「あまりやりすぎたらいけません」と言っていたよね。個人的には、上体の強さだけでなく、下半身の柔らかさや、下半身から上半身への連動が必要になってくると思うけど。

清原　ジャイアンツに移ったあと、１９９８年に日米野球があって、サミー・ソーサ（元シカゴ・カブスなど。メジャーリーグ通算６０９本塁打）をはじめとしたメジャーの強打者が来日しました。彼らを見ていると、試合前のフリーバッティングから、僕ら日本人とは飛距離が全然違ったんです。当時は、試合球にメジャーの公式球を使っていた関係で、日本のバッターはなかなか飛ばせないのに、彼らは東京ドームの天井《てんじょう》に軽々と当てていて、もう、パワーがケタ違いでしたね。ソーサと一緒に食事をする機会もあったんですけど、間近で見た体の大きさにも圧倒されました。それをきっかけにして、ウエイトトレーニングに本格的に力を入れ始めたんですよ。しばらく取り組む中でわかってきたことは、走ることの大切さです。ソーサにしても、1日に5～6キロは走っていたそうです。バリー・ボンズ（元サンフランシスコ・ジャイアンツなど。メジャーリーグ通算７６２本塁打）もそれぐらい走っていたと聞いて、自分も走るようになりました。

内田　走ることによって、ウエイトトレーニングとはまた違った下半身の強さが出てくるんじゃないかな。

清原　そうですね。ウエイトトレーニングに力を入れると、どうしてもランニングがおろそかになりがちで。筋肉量が増えることで体重が必然的に増えるんですけど、だからこそ、ランニングが大切で、しっかりと走らないといけないと感じました。

内田　科学的なトレーニングがどんどん出てきているけど、そういう時代だからこそ、走ることがより大事になってくる。

清原　そう思います。

内田　ウエイトトレーニングに取り組み始めてからも、キヨは変わらずに素振りを続けていたけど、どんな意識でバットを振っていたの？　キヨと言えば、最初にも話したけど、1人で黙々《もくもく》と振り続けていた印象が強く残っている。

清原　調子が落ちたときこそ、素振りをしていましたね。素振りはいちばん大事な練習であり、いちばんつまらない練習だと思っています。その分、集中して振り続けることによって、心も強くなる。バッターにとってはボールを打つのが楽しいですけど、気持ちいいスイングばかりしていても、うまくはならない。僕の場合、シーズン中はその日に抑えら

素振りをなによりも大事にする清原和博は、キャンプの宿舎でもそれを欠かさなかった。

れたピッチャーの球筋《たますじ》やコースをイメージして、バットを振っていました。

内田　素振りはボールを打たない分、手を抜くこともできる。それだけに意識の差があらわれやすいよね。短い時間でもひと振りに集中していけば、あっというまに汗だくになるから。

清原　僕は鏡やガラスの前で振ることが多かったんですけど、ブルペンで振るのも好きでした。打席に入って、本物のピッチャーをイメージしながらバットを振る。マウンドがあるので、実戦を意識しやすくなるんです。

内田　確かにブルペンで振れば、より実戦的になりやすい。ピッチャーのリリースからの軌道を目で追う意識もつきやすくなるんじゃないかな。本当によく振り込んでいたけど、手にマメはあまりできないタイプだったよね。

清原　はい、素手《すで》で振っていましたけど、ほとんどできなかったです。そういう体質だったんですかね。

内田　いやいや、スイングのバランスが良かったからだと思うよ。変なところに力が入っているバッターほど、マメはできやすいから。

清原　手のひらが固くなることはあったんですけど、マメはできなかったですね。

内田　素振りは、選手によって様々なチェックポイントがあると思うけど、キヨの場合はどんな意識で振っていたのかな？

清原　素振りでポイントにしていたのは、バットと体の一体感。体の動きが少しでもズレると、スイングもズレます。軸足で地面を蹴り、前足でカベを作り、ヘッドが返るときの感覚を大事にしていました。ミートポイントの一点に、力をどれだけ加えられるか。

内田　今、自分で言っていたように、キヨのすごさは、前足のカベにある。前足、前ヒザが鉄のようなカベになっていることで、バットのヘッドがよく走る。あのカベこそが、センターから逆方向に打球がよく飛んだ要因だと思う。前足がめくれるようなこともなかったから。前足のカベは、コマで例えれば、芯棒《しんぼう》かな。バッティングもコマと同じで、芯棒がしっかりしていないと、体は回っていかない。キヨはあれだけじょうずに下半身を使えたのだから、上の力に頼らないスイングができていれば、もっと確率良くホームランを打てたと思うね。

試合で結果を残すために大事なこと

内田「右ヒザに第二の目を置く意識を持ち、投手方向への突っ込みを防ぐ」

×

清原「タイミングを合わせることが大事。いい状態をどうキープするか」

内田　改めてバッティング技術を紐解《ひもと》いていくと、試合で結果を残すためには、なにが必要になってくるだろうか。

清原　先ほどお話ししたセンター返しと、トータルで考えたときには、やっぱりタイミングでしょうね。どれだけいいスイングをしていても、ピッチャーとのタイミングが合わなければ、ヒットを打つなど試合で結果を出すことはできませんから。タイミングが遅くなれば、バットとボールの距離が詰《つ》まり、フォームも崩《くず》れていく。「タイミングを合わせて、ボールを芯《しん》でとらえる」。このシンプルな考えが、プロはもちろん、どの世代の野球においても、最も大事なことになると思います。

内田　本当にそのとおり。どんなにいいバッターでも、タイミングが崩れているときは、なかなかヒットが出ないからね。

清原　昔から言われていますけど、「イチ、ニ、サン」で打つのではなく、「イチ、ニー、サン」、あるいは「イチ、ニーノー、サン」で打てるかどうか。「ニー」のところで、軸足で間《ま》を取れるかが、大きなポイントだと感じます。

内田　そうそう、「ニーノー」でどれだけ待てるか。この間《ま》がないバッターは、緩急《かんきゅう》に対応ができない。軸足に体重を乗せきれずに、ピッチャー方向に突っ込んでいくことになるからね。軸足に体重を乗せた状態で、ゆったりとステップできるバッターは、対応力が高い。ボールを呼び込めるようになるよね。選手によく言っていたのは、右バッターであれば、「右ヒザに、第二の目を置きなさい」とね。右ヒザでボールをとらえる意識を持てば、ピッチャー方向への突っ込みを防ぐことができる。キヨも、ヒザの使い方がうまかったね。

清原　ありがとうございます。

内田　キヨを見ていても、若いころに比べると、タイミングのとり方を工夫するようになった。ライオンズのころは、上げた足をその場に下ろすような感じだったけど、ジャイアンツに来てからは、左足を軸足のほうにいったん寄せてから、踏み込むようにしていたよね。足を動かすことで、リズムをとっていたんじゃないかな。その場でタイミングをとろうとすると、どうしても始動が遅くなって、差し込まれやすい。ジャイアンツの丸佳浩《まるよしひろ》（元広島）のようにバットを上下させるヒッチを入れて、手でタイミングをとる選手もいれば、キヨのように足でリズムをはかる選手もいる。このあたりは、それぞれの個性が出るところだね。

清原　タイミングは本当に難しいです。結果が出ているときは自然にできているんですけど、その状態がずっと続くわけでもないですから。いい状態をどうキープしたり、つかみ直したりできるかが大切ですね。

内田　若い選手によくやらせていたのが、女性の名前を言いながらバットを振らせること。「カナーコ！」みたいにね（笑）。「イチ、ニー、サン！」のリズムでスイングする。冗談《じょうだん》で言っていたのは、「ミキ」みたいに2文字の彼女は作るなよって。選手はずっと根詰《こんつ》めて練習はできないから、いろいろと工夫をして、ときには笑いを入れながら教えていくのが、コーチの役目だから。「コーチは、たくさんの引き出しを持ったアイディアマンでなければいけない」というのが、俺の持論。

清原　内田さんらしい考え方ですね。

内田　とくに外国人選手に対しては、ユーモアを入れながらコミュニケーションをとるようにしていた。スイングの際、後ろ肩が下がりやすい選手には、「両手でセカンドワイフを抱いておきなさい。肩が下がったら、あなたの大事なセカンドワイフが落ちてしまうぞ」と言いながら、指導したこともあった(笑)。いわゆる、外国人選手に多いショルダーダウンの打ち方に対する矯正法《きょうせいほう》だね。

清原　僕は、プロ野球人生に後悔《こうかい》はないですけど、内田さんにもっと早く出会えて、内田さんの考えや理論を必死になって実践《じっせん》できていれば、もっとホームランを打てたんじゃないか、と思います。そこに関しては、悔《く》いがありますね。プロ入り1年目にまずまず活躍できたこともあって、2年目以降、夜の街《まち》で少し遊ぶようになってしまって……。当時はそういう先輩が多かったのもあるんですけど。若いころに内田さんのような熱血コーチにグラウンドに引っ張り出されて、強制的にでもバットを振っていたら、という心残りはありますね。そうなったらなったで、たぶん反発していたんでしょうけど(笑)。

内田　バトルになっていたかもしれないな(笑)。まぁでも、ある程度、実績を重ねたベテ

選手とコーチという関係で6年間、同じ巨人のユニフォームを着ていた両者。対談では、過去、現在、未来へと話が広がり、大いに盛り上がった。

ランになればいいけど、コーチの視点からすれば、若いうちは無理やりでもやらせることが必要。カープの場合は、正田耕三をはじめとして、練習量でうまくなった選手が多い。「旬《しゅん》をのがさない」と言えばいいのかな。成長しているときこそ、練習をする。コーチに対して、「なにくそ！」と思う選手もいるだろうけど、そういう気持ちも成長には欠かせないんだよな。レギュラーで何年も活躍すれば、あとはそれぞれの自覚になるから、コーチもうるさいことは言わなくなる。ある意味では、そこに行くまでが勝負になってくるからね。

（201ページからの対談後編へ続く）

第3章

カープで培《つちか》った才能開花術

～原石を磨いて伸ばす「新発想」の育成法～

金属バットの後遺症に悩む鈴木誠也の「アウトサイドイン」を直した練習法

ここからは、トータルで21年間（1983〜93年、2003〜05年、08〜14年）、指導者を務めたカープ時代の育成の話をしよう。最初は、「神《かみ》ってる」でブレイクし、私の想像を超える選手になった鈴木誠也だ。今や自チームだけでなく、日本代表「侍ジャパン」でも4番を張る誠也は、私が広島の二軍監督だった12年オフのドラフト2位で指名され、入ってきた。まず感じたのは、素材の素晴らしさ。遠くに飛ばすというより、強い打球が打てる。私が見た高卒の野手では、前田智徳の新人のときに似ていた。

しかし、13年の入団当初は、高校時代に使用していた金属バットの影響が残っていた。右手の力が強く、スイングの軌道が「アウトサイドイン」（ドアスイング）になっていた。

簡単に言えば、トップから振り出すときに後ろヒジが体から離れていき、グリップを支点にして円を描くようなスイングになるということだ。これでは、バットの面がボールに向かう時間がわずかしかなくなってしまい、線でボールをとらえることができなくなるだけでなく、ヒジが体から離れることによって、バットの操作性も失う。坂本勇人のように、インコースの球に芯《しん》をズラす技術も使えないだろう。金属バットの場合は、木製よりも芯の幅が広く、反発係数も高い。そのために、どんな打ち方をしようとも芯でとらえやすく、打球は飛ぶ。だが、芯の幅が狭い木製は、そうはいかないものだ。

また、ドアスイングになると、バットと腕が体の回転軸から早く離れていくことになる。これでは回転によって生まれる遠心力を、じょうずに活用することができない。

一方、体に近いところでバットを振り始めたほうが、軸回転に乗せながら遠心力を生かすことができ、体の末端《まったん》を走らせることができる。必然的に、後者のスイング（インサイドアウト）のほうがバットのヘッドが走り、スイングスピードも上がっていく。

木製バットの「しなり」をうまく使えるようにするため、誠也には体に正対させるようにネットを立てて、そのあいだにスタンドティーを置いて打たせた。アウトサイドインの軌道では、バットがネットに当たってしまう。ネットに当たらないよう、インサイドアウトで振るには、ボールの内側を打つイメージで、体をこするように右ヒジを畳《たた》まなければならない。オチ（落合博満）を筆頭にして、超一流のバッターが持っている高度な技術だ。

これができると、インパクトでボールを2～3個分、グッと押し込む感覚を得られる。とはいっても、バットとボールが当たる瞬間は、ほんのわずかな時間しかないので、物理的に「押し込む」のは不可能。だが、バッターからすると「後ろ手で押し込む感覚」が残るものだ。私は、「人差し指の付け根でボールを押し込むように」という表現を使っていた。

スタンドティーは、最初はバットのヘッドが寝ない高い位置（ベルトよりも上）にボールを置き、それを徐々に低い位置に下げていく。これをしつこく行った。スタンドティーとの立ち位置を変えることで、インコース、真ん中、アウトコースと、複数のコースを練習することができる。このとき、前の肩を開いてしまえば誰でも簡単に打てるのだが、それではまったく意味がない。前の肩の開きを我慢した状態で、グリップでボールを刺すようにして、ボールの内側をとらえる。最初は少々窮屈《きゅうくつ》に感じるだろうが、今までどおり好きなように打っていたら、動作はなかなか改善されないものだ。

「グリップでボールを刺す」とは少々抽象的な表現であるが、言葉を補足すると、「グリップを引き出す」ということ。一流打者の共通点として、トップから10センチほど、グリップを丹田《たんでん》のほうにグッと引き出す動きが必ず入っている。高めを打つときも、低めをとらえにいくときも一緒。丹田のほうに近づけてから、体の回転が入る。引き出す動作を入れる前に、前の肩が開いていくと、体から遠いアウトコースはノーチャンスになってしまう。

誠也は、若いころの巨人・坂本勇人と重なる部分が多かった。打つ際の「コンタクト力」と守備の際の「肩の強さ」だ。足の速さは誠也が上だが、打つ際の腕回りの柔らかさは坂本のほうが上だった。最近の2人はスイングの際、10の力を11、12にしようと、背中を叩《たた》くくらい大きなフォロースルーで振り切るという共通点もある。

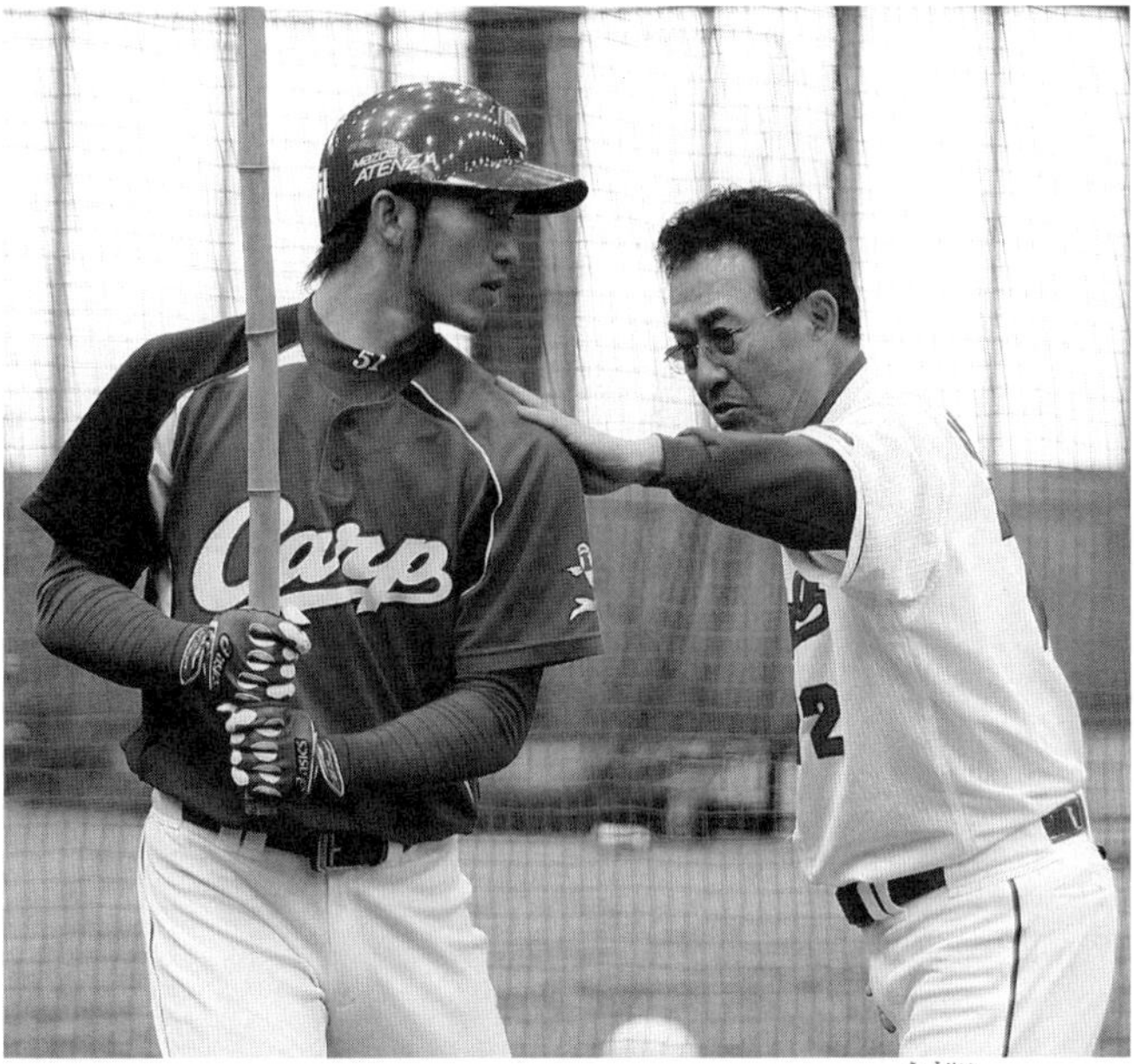

新人時代の鈴木誠也には、外回りしていたスイングをインサイドアウトに矯正《きょうせい》することから始めた。写真は、ピッチャー方向に対する肩のラインの調整、意識づけを教えているところ。

練習熱心で、ウエイトトレーニングにも力を入れた。当初、坂本はあまり行わなかったが、誠也は人よりやって、どんどん体が強くなった。エンジンも大きくなり、比例するように、打球の飛距離も伸びた。

車で言えば、２０００ccの日本車から５０００ccのベンツに排気量が上がったようなもの。土台である下半身がしっかりすると、スイングも変わっていった。

「新人は、いじくるな」という鉄則があるが、大学、社会人出身の即戦力はともかく、高卒選手はある程度、こちらが強制してやらせないといけない。高校生には金属バットの「後遺症」がある。クセがあるまま固まらないよう、いい習慣をつけさせることが大切になる。

最初のころは、真ん中からインサイドを強引に引っ張る意識が強かった。とくに走者がいると、引っ張ってゴロで併殺《へいさつ》というケースが目立った。引っ張ろうと思えば思うほど、どうしてもボールから目を切るのが早くなってしまう。私は誠也に、こんな話をした。

「それより、逆方向に打てば、走者を進められる。ボールを長く見ることができる。ボールとの時間や距離感もとれるようになる。利点が多いんだ。いい打者かどうかの分かれ道は、レギュラーになってから、いかに広角に打てるかだぞ」

すると、逆方向への意識が持てるようになり、バットがインサイドアウトに出せるようになった。比例して打率も上がってきた。

シーズン中、誠也は巨人コーチの私に「打撃フォームを変えます」と電話してきた

もう少し、鈴木誠也の話を続けよう。彼から、私の携帯電話に着信があった。巨人の二軍打撃コーチだった18年、シーズンの終わりごろだ。打率3割2分0厘、30本塁打、94打点の好成績を残した年。ところが、誠也は電話口で、こう言った。

「バッティングフォームを変えようと思っているんです」

私は驚いた。

「3割打っているのに、変える必要なんてないんじゃないか？　シーズンが終わってから、秋のキャンプで課題として取り組めばいいだろう？」

シーズン中に微調整はしても、普通は大きく変えることはまずない。ましてや結果も出ている。しかし、同時に頼もしさとうれしさを感じた。広島と巨人に分かれていたが、そういう会話ができるのはコーチ冥利《みょうり》に尽《つ》きる。選手とコーチという間柄《あいだがら》でなくなっても、つながりが切れない。そんな付き合いができるコーチになりたいと思っていたからだ。

私の理想のコーチ像を言葉にするのなら、「余韻《よいん》の残るコーチ」。球団をやめたあとであっても、相談してくれたり、助言を求めたりしてくれるのはうれしいものである。

誠也は、翌19年には打率3割3分5厘で、首位打者に輝いた。人並み外れた向上心が、自身初の打撃タイトルにつながった。

負けん気が強い性格だ。誠也が1年目の13年、私は広島の二軍監督だった。入団当初、「甲子園組には負けたくない」と、対抗心をむき出しにして練習をしていたのを思い出す。甲子園組には、同期のドラフト1位・高橋大樹《ひろき》がいた。龍谷《りゅうこく》大学付属平安高校で甲子園に出場し、大谷翔平《しょうへい》（現ロサンジェルス・エンジェルス）や藤浪晋太郎《しんたろう》（現阪神）らがいたU-18の日本代表「侍ジャパン」でも中軸を任された。一方で、二松學舎《にしょうがくしゃ》大学附属高校出身の誠也は、甲子園に出ていない。

このころ、他球団の関係者によくこう言われた。

「2位で取れるなんて、ラッキーですよ」

巨人なども、誠也を上位候補にしていたようで、中には、外れ1位候補にしていた球団もあったそうだ。高校時代はエースで、外野も守った。広島は次世代の大型遊撃手をさがしていた。肩は強いし、脚力もある。球団方針で、「外野はいつでもできる。最初はショートを守らせよう」と決まった。「二軍の試合は負けてもいい。なんとか誠也をショートで使えるように鍛《きた》えよう」と、1年目の二軍戦は、おもに遊撃で起用した。

内野手のサインプレーは複雑だ。1つのアウトを取るために、外野手より神経を使う。内野手の野球観を学んでほしかった。いずれ外野に転向するにしても、内野で感じたことが将来生きてくるだろう。遊撃手出身の野村謙二郎《けんじろう》一軍監督（元広島）も、同じ考えだった。

だが、いざ試合が始まると、それどころではなかった。エラーや悪送球が重なり、サインプレーであたふたしていた。本人も悩んでいるようだった。このままでは、打撃に影響してしまう。高校時代に経験のある外野なら、すぐにモノになる。結局、1年目の途中から外野の練習も取り入れるようにして、2年目には本格的に転向させたのだった。

球界一と言われる鉄砲肩は、鈴木誠也の魅力だ。それを間近で感じたのが、外野にコンバートしたこの2年目に目撃した、右翼からのバックホーム送球だった。私は度肝《どぎも》を抜かれた。低い球が、一、二塁間から少し本塁寄りのところでワンバウンド。それがそのままキャッチャーのミットに吸い込まれた。普通、あのあたりでバウンドすれば、肩が強い選手でも、2バウンドか3バウンド。並の選手の送球なら、最後はゴロになってしまう。それが、誠也の球は力があるため、バウンドしてから伸びるのだ。内野手の頭の高さのまま、ダイレクトで到達することもある。まさに、「レーザービーム」。誠也は、外野の守備でもファンを魅了できる。その代わり、とんでもない悪送球も多かった。

試合に出始めたころは、ミスが多く、悔《くや》し涙を流す姿をよく見た。そんな負けん気の強さが武器でもある。コーチにアドバイスをされると、にらみ返すような強い目力《めぢから》で、話を聞いている。人の話を「はい、はい」と聞く選手や、コーチにあれこれ言われてしまう「スキのある」選手より、伸びる選手、一流になる選手は、こちらがなにかを言いにくい雰囲気を出していることが多い。巨人なら、清原和博、松井秀喜、高橋由伸、阿部慎之助、坂本勇人らがそう。打撃練習中は、横から声をかけにくかった。誠也も同様だ。

それどころか、打撃中の誠也には、「殺気」すら感じた。ほかの選手にも言ってはいけないが、誠也にはとくに「中途半端《ちゅうとはんぱ》なことは言えないな」と感じたものだ。

巨人に坂本が入団したころ、原辰徳監督が内角球をさばくため、「自分の体の前でグリップが『Vの字』を描くイメージ」と指導した。これと理論は同じだが、私は誠也に「グリップをヘソの前に出せ」とアドバイスしたのを思い出す。

誠也が伸びたのには、いくつか理由がある。情報を自分で取捨選択できること。練習熱心で、貪欲《どんよく》。自分から行動を起こして理解を深められるタイプだった。

私の持論に、「量が質を作る」というものがある。新人のころ、アウトサイドインのスイングを矯正《きょうせい》するための練習を黙々《もくもく》と行い、それをクリア。質が高まってきたら、さらに質を高めるため、また努力をする。そんな姿が坂本と重なる。2人とも3番打者タイプだが、振り切ることで、最近は本塁打数も増えている。

誠也は、19年の「プレミア12」で、「侍ジャパン」の4番を任された。データが少ない国際大会でも自分のパフォーマンスが出せていて、頼もしく感じた。直球を待って、変化球にも対応できる。基本だが、実はこれが難しいのだ。

緒方孝市《おがたこういち》はオフに、私の新築一軒家の駐車場で毎日、打撃練習をした

私が広島の二軍打撃コーチを務めていた90年ごろのこと。当時の広島市民球場近くに新築した自宅が、「練習場」に変わった。

秋季キャンプを終えたあと、12月から翌年1月までは、どの球団も全体練習ができない。しかし、この間《かん》、若手を遊ばせてしまっては、レギュラーとの差は縮まらない。球団は自主練習を望む選手のために、私の自宅の駐車場にネットを張り、「若手が打撃練習できる環境を整えたらどうか？」と打診してきた。

せっかく家を建てたのだ。最初は拒《こば》んだが、折れない球団は、30万円ほどで2階まで届く大きなネットを購入した。業者が来て、ボールが飛び散らないよう、カーテン式に設置。やるしかない環境が整った。ただ、早朝から住宅街に、カンカンとボールを打つ音が響いてしまう。近所迷惑になるため、妻が菓子折り持参で、頭を下げて回った。

93年オフ、私は翌94年シーズンから巨人のコーチになることが決まっていた。巨人の寮《りょう》

に住み込む直前まで熱心に通ってきたのが、のちに16年からリーグ3連覇を果たし、19年まで5年間監督を務めることになる緒方孝市《おがたこういち》だ。

当時、緒方は24歳。まだ一、二軍を行ったり来たりの代走、守備要員だった。朝の9時から昼まで、ティー打撃。その後は風呂場でシャワーを浴びて、我が家で昼食をとる。午後は筋力トレーニングに励《はげ》むのが日課だった。

緒方はあのころ無口で、私の妻は、「あんな口数が少なくて線の細い子が、プロでやっていけるのかしら」と、本気で心配していた。しかし、その後すぐに一軍のレギュラーに定着し、95年から、3年連続で盗塁王になった。

現役引退後、10年は一軍野手総合コーチ、11、12年が一軍守備・走塁コーチ（三塁コーチャーも担当）、13年は一軍打撃コーチ、14年はヘッド格の一軍野手総合ベンチコーチを歴任した。様々なコーチを経験してから監督に就任したのが、16年からの球団初のリーグ3連覇につながったと思う。

緒方は、元スカウト部長の村上孝雄《たかお》さんに発掘された。村上さんはおもに九州地区担当で、ほかのスカウトも一目《いちもく》置く人物だった。指名に携《たずさ》わった広島の選手は、ほかにも北別府学《きたべっぷまなぶ》、津田恒実《つねみ》（旧登録名：恒美《つねみ》）、前田智徳など、名選手が多い。義理堅い緒方は、村上さんを「恩人」と慕《した》っていた。

現役のころから、人と群れるのを好まなかった。真っ直《まっす》ぐで、意志も性格も石のように固い。その後、中心選手になり、「あんなに努力したから、今があるんだよ」と、かつて妻が菓子折りを配った近所の人たちは喜んでいた。19年まで、現役から合わせて33年間ユニフォームを着続けた。しばし休息をとってほしい。

「1日1000スイング」の指示を忠実に実行したのは金本知憲だけ

同い年の緒方孝市にライバル心を燃やしていた金本知憲も思い出深い。

東北福祉大学から、91年秋のドラフト4位で入団。1、2年目は二軍暮らしが続いた。広島は二軍の遠征費用を抑えるため、野手4、5人を残留させていた。金本は遠征メンバーに入れず、留守番《るすばん》となったことがある。当時、ウエスタン・リーグの日程は、大阪で阪神、近鉄と戦い、1週間ほどで帰広することが多かった。二軍打撃コーチだった私は、実際にこなせるかどうかは半信半疑の中で、こう言い残し、遠征に向かった。

「残留組は、1日1000スイングがノルマだぞ」

金本はそれを忠実に実行し、毎日1000回振っていたそうだ。残留組の練習に付き添った川端順《かわばたじゅん》二軍投手コーチ（元広島）から、あとになって聞いた話だ。金本個人に言ったわけではない。残留組の全選手に向けた言葉だったが、守ったのは金本だけだったという。

大卒なのに……という反骨精神に火がついたのだろう。1年目から一軍で49試合に出場した、専修大学からドラフト1位入団で同期の町田公二郎《こうじろう》（一時期の登録名：康嗣郎《こうじろう》／元広島・阪神。現在は、社会人の三菱重工広島監督）にも、ライバル心を燃やしていた。

二軍でくすぶっていた金本は非力だったため、「転《ころ》がして、足を生かせ」と言うコーチもいた。外野守備では送球を地面に叩きつけてしまうことが多く、「モグラ殺し」という、うれしくない異名《いみょう》まで囁《ささや》かれた。それでも、走力はあり、身体能力も高かった。打撃は内角への対応はまだまだだったが、逆方向の左中間へ鋭い打球を飛ばしていて、化ける要素はあった。

当初は内角球を打つ際、右ヒジや右肩が上がってしまっていたため、グリップを意識的にヒザ元に落とすことで、脇を締めようとしたのだ。極端に言えば、自分の右足を叩くような軌道でバットを振りおろす。ティー打撃や素振りで、脇を締めて打つ練習を重ねて、インサイドを強く引っ張れるように成長した。

自分の体力的な弱点を克服するため、シーズン中もオフも、広島市内にあるジム「アスリート」に通い、ウエイトトレーニングにも力を入れた。筋力を蓄《たくわ》えることで、車で言うエンジンの排気量がアップ。パワーがつき、打球に力強さが加わった。金本のトレーニング法が後輩の新井貴浩《たかひろ》（元広島、阪神）や鈴木誠也らに引き継がれ、カープの伝統になった。先駆者として金本が残した功績と言える。

94年に三村敏之《としゆき》監督（元広島）が就任すると、金本はレギュラーに定着した。金本の体の強さや試合を休まない根性を買っていた。三村監督には「ケース・バイ・ケース」という、カープのチームに貢献するための打撃を叩き込まれた。阪神にFA移籍し、星野仙一監督（元中日、元中日・阪神・東北楽天監督）に「阪神の4番なんだから、自由に打て」と言われても、根底《こんてい》には「チーム打撃」という考えが染《し》みついているように見えた。金本は三村監督が作り上げたと言っても、過言ではない。

「4番を外してください」と泣きつく新井貴浩を成長させた技術指導と練習量

「どうしても結果が出ません。4番を外してください」

新井貴浩が、一軍の打撃コーチだった私のところにやってきた。

03年、金本が阪神にFA移籍。その後、4番に座った新井は、精神的支柱だった兄貴分・金本が抜け、この年は打率2割3分6厘、19本塁打と、低迷。当時26歳だった新井の将来性を見込んで辛抱《しんぼう》強く起用した山本浩二監督は、シーズン中に新井と私を監督室に呼び、こう励《はげ》ました。

「俺《おれ》も27歳からブレイクした。それまでは、そこそこの数字しか出していなかった。お前はまだ26歳なんだから、もう一回頑張《がんば》ってみろ。今が踏ん張りどころや」

法政大学からプロ入りした山本監督は、現役時代、大学出身者の日本記録となる通算536本塁打を放《はな》っている。4度の本塁打王、3度の打点王のタイトルは、いずれも30歳以降。大器晩成型の選手だった。

本拠地でナイターがある日は、灼熱《しゃくねつ》の太陽が照りつける真夏だろうが、午前中から新井と毎日特打を繰り返した。球を待ちすぎるあまり、すぐに追い込まれ、ボール球に手を出す悪循環《あくじゅんかん》に陥《おちい》っていたため、「好球必打」を徹底させた。打てる球に積極的に手を出しにいく。アウトローにビシッと投げられたときは、「ごめんなさい」でベンチに戻ってくればいいのだ。一流選手でも、打率3割。ましてや、相手がプロのピッチャーとなれば、簡単には打てない。結果を残している選手ほど、このあたりの割り切りがうまいものだ。

新井に限らないが、こんな表現をよく使った。ホームベースの横幅に6つのボールが入ると仮定し、インコースから1、2、3、4、5、6と番号を振る。右打者が若いカウントで狙《ねら》うのは、1〜4。目から遠いアウトコースに、わざわざ手を出しにいく必要はない。アウトコースは目で追わず、「死角」を作り、ボールを追いかけないようにするのも1つの手だ。

だが、経験の浅いバッターになると、ついつい5番や6番に手を出してしまう。打席での余裕がないのが、いちばんの原因になる。結果が出なくなると、どうしても技術的なことを考えてしまう。「ヒジの入りが……」「足の上げ方が……」。考えることは悪くはないが、技術的な修正は練習で終わらせておかなければいけない。試合の打席で、あれこれ考えても、いい結果にはつながらないものだ。打席に入れば、思考をシンプルにするべき。

私は「ボールの見方の調整」「視野の調整」「タイミングの調整」の3つに徹するように伝えていた。

新井には「打球方向」に関しても、口酸《くちす》っぱく助言した。

もともと、プルヒッターの新井であるが、引っ張りだけでは、結果を残すことはできない。例えば、1アウト三塁で犠牲フライが欲しい場面を迎えたとする。「引っ張って強い打球を打ってやろう」と思うか、「逆方向に外野フライでいい」と思うかで、バッティングの内容がまったく違ってくる。逆方向に意識があれば、ヘッドの返りが遅れて、テニスラケットの面で打つイメージで、外野フライを打てるものだ。

しかし、引っ張ることしか考えていないと、もしかしたらツボにはまってレフトオーバーの2ランホームランもあるかもしれないが、外のスライダーを振らされて、空振り三振や引っかけた内野ゴロになる可能性も高い。4番に求められるのは、勝負どころで確実に打点をあげるバッティングだ。

新井は2年後の05年、打率3割0分5厘、94打点、43本で、本塁打王を獲得。このときは自分のことのようにうれしかったが、43発や自身初の3割超えより、引っ張り専門だった新井が逆方向へ打てるようになり、打点が36から94に増えたことを、私は評価した。

新井は私と同じ駒澤《こまざわ》大学から98年オフのドラフト6位で入団後、大学の先輩でもある大下剛史《つよし》ヘッドコーチ（元東映フライヤーズ、広島など）に徹底的にしごかれ、ここまでの選手に成長した。駒大時代に突出した成績を残したわけではない。守備力もなかった。だから、朝からノックを受けて泥《どろ》にまみれた。守備から打撃まで、やることは山積みだった。大下ヘッドからすれば、後輩だし、なんとかモノにしてやりたいということだったのだと思う。地元・広島出身で、体が大きいという長所こそあったものの、周囲は新井を「化けたらいいな」程度にしか見ていなかった。モノになったいちばんの要因は、大下ヘッドにしごきのような過酷《かこく》な練習を課されても、故障をしない頑健《がんけん》さがあったことだ。

07年オフに阪神へFA移籍したときは驚いたが、14年オフに古巣・広島に復帰。「FAでチームを出た選手は、二度とカープには戻れない」という暗黙の了解があったが、新井のプレーや人間性がファンや球団に受け入れられたということだ。

16年に2000安打を達成。まさか、あの新井がこんな大選手になるとは……。とはいえ、名球会入りした名選手の中で、新井ほど練習を積んだ選手がいただろうか。

ハードな練習を課しても壊れなかった頑強《がんきょう》な新井貴浩。著者とは同じ駒澤大学出身でもある。
写真は、体重移動の際に、体が上下にブレないようにバットを用いて指導している場面。

全治1か月と診断されながら3日で復帰した新人・野村謙二郎

90年、ロッテへ移籍した高橋慶彦に代わり、入団2年目の野村謙二郎がショートのレギュラーに定着した。

足は速いし、小力《こぢから》がある。入団当初は外野を守っていて、守備力も高かった。しかし、1年目のキャンプでヒザを痛めた。88年秋のドラフトで1位指名を受けたあと、オフのあいだに体重が増え、それがヒザに負担をかけた。今のように新人は徐々に慣らしていくという時代ではない。同じ駒澤大学出身の大下剛史ヘッドコーチは、野村をどう育てるか、どう使うか、構想を練《ね》っていた。ところが、次のショートを作ろうと思っていた矢先、すぐに故障してしまったのだ。

大下ヘッドは当然、すごい剣幕《けんまく》で、野村を怒った。

「貴様なんか、荷物をまとめて、広島へ帰れ！」

ドラ1の有望株。チームの期待も高かった。だが、野村はのんびり構えているようなところがあって、「鬼軍曹《おにぐんそう》」のカミナリが落ちたのだ。

すると、不思議な現象が起きた。「全治1か月」という診断だったはずが、なんとヒザの痛みが消えたというのだ。我慢していた可能性もある。今のように、MRI検査もない。当時の医師も驚いた現象で、野村は2、3日で戦列に復帰した。

大下ヘッドが怒ったのは、駒大の後輩でもある野村の1位指名を球団に進言したからでもあった。プロとしての自覚を持て、というのはもちろん、自分の置かれている立場をよく考えろ、ということだったようだ。

打順は、おもに1番。当時はまだ、「1番打者はボールをよく見ていけ」という時代。初球から打つなんて、常識外れだった。しかし、野村は四球を選んで塁に出ようとはしない。第1ストライクから振りにいくタイプで、超積極的な1番だった。

今は軸足に体重を残し、球を呼び込んで打つのが主流だが、当時の野村は打ちにいきながら、間合いを取り、体の前でさばくスタイル。どんどん振りながらタイミングを合わせていた。ポイントを前にして打ったほうが打球は飛ぶが、落ちる変化球など、ボール球を振りやすい。案《あん》の定《じょう》、ワンバウンドに手を出すなど、粗《あら》っぽさが目立ったが、山本浩二監督、大下ヘッドら首脳陣は、野村のスタイルを尊重。「なぜ、ボール球を振るんだ」と責めることなく、我慢しながら見守っていた。今となっては「好球必打」という打撃の基本を、当時から貫いていた。

もし、若いときにあのスタイルを叱《しか》っていたら、野村の良さは消えてしまったはずだ。相手バッテリーからしても、ファーストストライクから積極的に振ってくるバッターのほうが、「甘い球を投げたら打たれる」と、恐怖心と警戒心が芽生えるものだろう。

そんな野村が、「感謝の意を込めて」と私にバットを持ってきたのは、1999本目を打ったその日のことだった。

1999安打目を放《はな》った試合後、バットを持った野村が玄関先に立っていた

「絶対に2000本を打たせたい」

02年のオフ、巨人から広島の一軍打撃コーチに復帰した私に、山本浩二監督が言った。チームリーダーの野村謙二郎のことだった。その時点で通算1763安打。2000安打まで残り237本としていたものの、36歳のベテランになって肉体的にも技術的にも厳しい時期に差しかかっていた。長いシーズン、1年を通じてレギュラーで出るのは、もう難しい。要所で活躍できるような状態をキープさせることが、打撃コーチである私の仕事だった。

山本監督は続けて、「2年で達成させたい」と言った。結局、03年は打率2割7分4厘で、85安打、04年は同2割7分0厘で、97安打。目標の2年間では達成できず、残り55本で、05年シーズンを迎えた。

先発出場の機会も減っていたが、山本監督は、「シーズン前半だけは、スタメンを多くしよう」との方針を打ち出した。野村は生え抜きの幹部候補生で、95年にトリプル3《スリー》をマークするなど、カープの功労者。その功績に報《むく》いてやりたいという、監督の親心だった。

そうして始まった05年のある日の試合後のこと。帰宅して夕食をとっていると、インターホンが鳴った。出ると、野村が玄関先に立っている。何事《なにごと》かと思ったら、やおらバットを差し出し、「プレゼントします」。その日の試合で２０００安打へマジック1とするヒットを放《はな》った際の「記念のバット」。そこには、「１９９９本目」「感謝」と記してあった。

記録を達成すると、記念品を作る。しかし、そういう、人に配るためのバットではない。１９９９安打目を放った実物を持ってきてくれた。粋《いき》なことをすると、感激した。すでに最多安打と盗塁王を3度ずつ獲得している選手。駒大の後輩ではあるが、少しは後押しできたのかなと、うれしく感じた。まさにバッティングコーチ冥利に尽きることだった。

監督時代（10〜14年）の野村は、緻密《ちみつ》な野球にこだわった。例えば、左投手に牽制球《けんせいきゅう》を投げさせると、打者へ投げる際も開きが早くなる傾向がある。甘い球が来やすくなるのだから、一塁走者は意識してリードをとること。牽制された際、何歩のリードなら戻れるのか。ヘッドスライディングでギリギリ戻れる場所はどこか。球界では「走塁がいちばん難しい」と言われるが、そういうことを選手全員に求めた。

2005年6月22日のヤクルト戦(広島市民球場)で、8回裏に放《はな》ったライト前へのタイムリーヒットが通算1999安打目となった野村謙二郎。

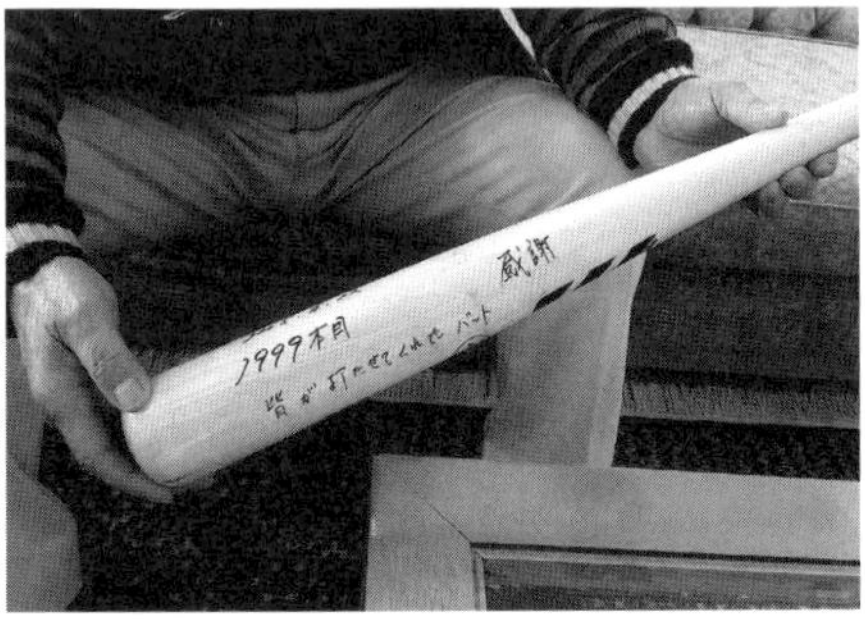

このときのバットが、サインを添えて、著者に贈られた。

野球は点取りゲーム。走者が一、二塁止まりか。一、三塁にするのか。足が速い、遅いは関係ない。1つでも先の塁を狙《ねら》う。少しでも点を取りやすい状況を作る。たとえ足が遅い新井貴浩でも、1本の安打で一塁から三塁へ進む意識を持っている。これがカープ野球の原点だ。野村監督の功績は、ほかにもある。

菊池涼介《りょうすけ》、丸佳浩…「使って作った」チルドレンが、リーグV3を牽引《けんいん》

広島の16年からのセ・リーグ3連覇は、菊池涼介《りょうすけ》、丸佳浩（現巨人）、田中広輔《こうすけ》、鈴木誠也といった生え抜きの主力がチームを牽引《けんいん》した。監督は緒方孝市だが、若かった彼らを二軍から一軍に引き上げ、我慢強く起用した前任者・野村謙二郎元監督の功績でもある。

二軍の監督やコーチがいくら「この選手はいいですよ」と推薦《すいせん》したところで、一軍の試合に出て揉《も》まれなければ、選手は伸びないからだ。

当時、二軍の指導者だった私が野村監督の監督室を訪《おとず》れると、一軍のレギュラー陣だけでなく、二軍選手のその日の成績や内容が黒板にギッシリ書かれていて驚いたことがある。野村監督は、すべての選手の好不調をこれで把握《はあく》していた。一軍の監督は、どうしても目先の勝敗にとらわれがちになる。なかなかできないことだ。

野村監督は、正二塁手に抜擢《ばってき》した菊池に目をかけていた。中央球界では無名の中京学院大学出身。それでも、担当の松本有史《ともふみ》（現役時の登録名：奉文《ともふみ》）スカウト（元広島）が何度も足を運び、11年オフのドラフト2位で獲得。菊池の入団時、私は二軍監督だった。前評判はいいものの、果たして岐阜《ぎふ》のリーグのレベルはどうなのか。最初は疑心暗鬼《ぎしんあんき》だった。

「内田さん、菊池は間違いなく、いい選手です。リーグは関係ありません。内野の守備がとんでもないんです。見たら驚きますよ。打撃は思いきりが良くて、長打力もある。攻撃的な選手です」

松本スカウトが言うように、身のこなしはまるで忍者のようで、衝撃を受けた。中南米系の選手のようなバネは、天性のものだろう。ぜひ生かしてあげたいと思った。

打撃面はもともと、バントなどの小技はうまい。タイプは1、2番だが、早打ちだったため、まず、「塁へ出ることに主眼を置こう」と伝えた。悪いときは強引に引っ張る傾向がある。センターから右中間方向へ飛んでいるときは、状態がいいときだ。

意識的に右方向に狙い打つときには、バットを振るタイミングに合わせて、右足を背中のほう（三塁ベンチ側）に引くこともあった。右足を引くことで、前肩の開きを抑え、ヘッドを走らせやすくなるのだ。中日・巨人で活躍した井端弘和《いばたひろかず》（現「侍ジャパン」内野守備・走塁コーチ）もこのテクニックがうまかったが、進塁打が求められる2番として生きていくには、重要な技術と言える。

一軍の野村監督に抜擢されてからは、2番打者としての進塁打の重要性や、いかに3、4番につなぐかという緻密な野球を、こう叩き込まれた。

「塁に出たときは、いかにも走るような感じを見せて、投手を揺《ゆ》さぶれ。失投を多く投げさせろ。打者に球種を絞《しぼ》りやすくさせるんだ」

20年シーズンまで8年連続でゴールデングラブ賞を受賞し、16年には最多安打のタイトルを獲《と》った。学生時代は自由にやってきて、入団当初は走攻守において粗削《あらけず》りだった菊池の才能を開花させたのは、野村監督の指導によるものが大きい。

一方、菊池と同学年の丸は、若いころから打撃センスが光っていた。17年に最多安打。スキを見て走る積極的な走塁技術を磨き、13年に盗塁王。その走塁意識は、FA移籍した巨人にもいい影響を及ぼしている。

丸の打撃の特徴は、手を上下に動かす「ヒッチ」を入れながらタイミングをとるところだ。私がコーチをしていたころは、まだヒッチを取り入れていなかった。彼なりに、様々な打ち方を試行錯誤《しこうさくご》する中でつかんだ技術だと思う。

ヒッチの利点は、グリップを下げる動きと、軸足に乗るタイミングを合わせることによって、軸足に力を溜《た》めやすくなるところだ。そこから、前足をステップするのに合わせて、グリップが上がり、トップの高さに入る。このアクションにより、必然的に間合いを感じやすくなる。外から見ていると、せわしなく動いているように見えるが、丸にはこのリズムがよく合っている。おそらく、「手の動きを小さくしなさい」と指導をしたら、リズムが狂ってしまうのではないか。

トップに入ったときには、ヘッドの角度が45度近くにあり、高めにも低めにもバットが出やすい状態になっている。これはいいバッターの共通点と言えるが、構えやテイクバックの時点でヘッドが寝ていても、「これからバットを振り出す！」という瞬間には、45度近くにおさまっているものである。

ただ、勘違いしてほしくないのは、45度でカチッと止まるわけではない。あくまでも動きの中での通過点。選手には、「トップは停止ではなく、静止が望ましい」と伝えていた。微妙な違いがわかるだろうか。「停止」は完全に動きを止めることで、次に動き出すために、エネルギーが必要になる。「静止」であれば、すぐに動き出せるのだ。

しかしながら、丸のようなヒッチを取り入れるバッターは、プロの世界でも少ない。手が大きく動く分、トップに入るのがどうしても遅れやすくなるからだ。丸はあれだけ手を動かしながらも、フォームが崩《くず》れずに、タイミングもズレていない。ヒッチを体得したことが、毎シーズン3割近い数字を残せている理由だろう。

ここから投球に合わせて右足を上げ、グリップを下げるという「ヒッチ」に入る丸佳浩（広島時代）。

誰もが見入った、孤高《ここう》の天才・前田智徳の芸術的ティー打撃

「アーノルド・パーマーみたいだな」

私は、丸佳浩にそう言ったことがある。なんのことかというと、スイングをしたあとに右手でバットを上げるしぐさが、往年の名ゴルフプレーヤーに似ていたからだ。08年の入団当初のこと。私はカープの打撃統括コーチだった。そんな丸を見て、「そんなんじゃダメだ」と切り捨てたのが、「孤高《ここう》の天才」と言われた前田智徳だ。冗談《じょうだん》めかしてではあったが、前田はめったにほかの選手に話しかけないから、よく覚えている。

前田が晩年のころ、リハビリのため二軍の大野練習場に来た際、「若い子にアドバイスをしてやってくれよ」と頼んだことはある。が、「いや〜、僕にはできないですよ」と、素《そ》っ気《け》ない。なのに、なぜか丸にだけは声をかけた。どこかに、自身との共通点や将来への可能性を感じたからだろう。そんな前田の話をしよう。

89年秋のドラフト4位で入ってきた。私は二軍打撃コーチ。入団時の印象は、今思えば、打席の左右の違いはあれど、鈴木誠也と重なる部分が多かった。前田は「走攻守」すべてにおいて、私が見た高卒選手の中でトップクラス。巨人では松井秀喜の2年目、岡本和真

の1年目、坂本勇人の若いころを知っている。松井はパワーヒッター。岡本は、体は大きかったが、芯はできていなかった。

前田は細身。誠也も同じような体形だった。両者に共通しているのは、体のバネ。入団時からスカウトの評価が高かったのも同じで、前田を担当するスカウトからは、「腰があまり良くないから、練習量を抑え気味にしてほしい」と言われた。それは了承したものの、当時は練習が終わったあと、大野寮の室内練習場で19時ごろから夜間練習というのがお決まり。

そこでは、ネットから7、8メートル離れたところから250〜300スイングを休みなしで打ち返すというティー打撃を行っていた。下半身を強化し、スタミナをつける。正確性、持続力、再現性を養う練習だ。すると、前田は、「打てそうにありません」と弱音を吐《は》く。「新人なんだから、とりあえずやれるところまで頑張ってみなさい」と諭《さと》した。「わかりました」と前田が打ち出すと、「カキーン」という金属バットのような音が響いた。ヘッドを利《き》かせ、ほぼ同じ場所に打ち返す。まわりの選手がチラチラ見始めた。そのうち、全員が手を止め、前田を見ていた。スイングスピードが速くなければ、木製バットはあんな音はしない。

この練習は、ネットから離れているのもミソ。距離が近いと、飛んだ方向がわからない。7、8メートル離れていれば、バラつきがわかる。二軍の選手なら、バラつくのが普通だ。正確性、再現性が高いから、同じところに打ち返せる。結局、休まずに全部打ちきった。感心したのは「カキーン」という高い音が、200球、300球打っても変わらないことだ。腰を入れて振り抜き、常に芯でとらえている証《あかし》。高卒1年目の新人ができる芸当ではない。

入団直後の90年春のキャンプには、山本浩二監督がファームにいた前田を視察に来た。フリーバッティングの最中、監督が「ウチ、この小僧はすごいぞ」と驚きの言葉を漏《も》らしたことを覚えている。内角のストレートに対して、自分の体を少し捕手側に引き、ボールとの距離を作りながらライトオーバーを放《はな》ったのだ。プロに入ったばかりの新人であれば、グシャッと詰《つ》まるか、あるいは詰まりたくないから体を先に開いて打ちにいき、芯に当たってもライト側へのファウルになるコースだ。木製バットを持ってわずか数か月の前田が、苦もなく内角に対応しているのを見て、私自身も「すごいバッターになるぞ」と思った。

入団当初から先輩の食事の誘いを堂々とことわった前田の打撃メカニズム

前田の話を続けたい。彼のティー打撃は芸術的だった。正確性、再現性が高く、試合前に巨人の松井秀喜が見入ったほど。右足を高く上げたり、反動を使ったりすることはない。基本に忠実で、シンプルな「すり足打法」。前のカベをしっかり作り、広角に打つ。右ヒザ付近を攻められてカベを崩されたり、足場を動かされたりするのを嫌《いや》がった。

前田の打撃を認めていたオチ（落合博満）や松井も、大きな反動をとらない。前田は球を呼び込んで、足場を固めて振る。打ちにいきながら振る野村謙二郎とは、真逆のタイプだ。

前田のようなタイプは、インコースもアウトコースも、同じポイントで打つ。実際には、インコースのほうがやや前（ピッチャー寄り）になるのだが、感覚的には一緒。踏み込んだつま先の延長線上でとらえていた。この感覚があったから、インコースに対して、体を後ろに戻しながら、ボールとバットとの距離を作る技術を磨けたのだと思う。

「インコースは前、アウトコースは後ろ（キャッチャー寄り）でとらえなさい」という教えもあるが、一流選手になるほど、同じところで打っているように感じる。オチが内角をよく右中間に放《ほう》り込んでいたが、前でさばく感覚を持っていたら、逆方向には飛ばないだろう。

私も、前田やオチと同じ考えだ。昔は、インコースはピッチャー寄り、アウトコースはキャッチャー寄りと、ホームベースに斜めのラインを引くイメージで、ミートポイントをとらえていたときもあるが、「どのコースも同じ」と考えたほうがシンプルであり、ボールに力を加えやすいのではないだろうか。アウトコースをキャッチャー寄りに引きつけすぎると、どうしてもヘッドが下がり、ボールの力に負けてしまうことがある。

前田には、こんなエピソードもある。当時、カープが使っていたピッチングマシンは、どうもコントロールが不安定だった。10球あるとしたら、半分ぐらいはボール球になる。ボール球を打ってフォームを崩したくないので、たいていのバッターは見送る。だが、前田だけは1球も見送らずに、10球なら10球、すべて芯でとらえたライナーをセンター方向に打っていた。まわりの選手には、「このマシンは、前田のときだけコントロールが良くなるのか？」と冗談っぽく言っていたのだが、そんなはずがない。巧《たく》みなバットコントロール、絶妙な間合いのうまさで、少々のボール球であっても的確にミートしていたのだ。

読者のみなさんのイメージのとおりだと思うが、バッティングに対するこだわりも強かった。一軍のレギュラーになってからは、打撃練習でも自分のルーティンをこなすまでは、フリー打撃を行うケージに入らない。その前のティー打撃で、片手ずつのスイングを何本、両足をベタ着きして何本、ステップしながら何本……。そのほかにも、独自のメニューがあった。それをすべてこなしてから、フリー打撃を行う。だから、前田のフリー打撃の順番は、後ろに回していた。坂本勇人、山田哲人《てつと》（東京ヤクルト）といった好打者には、独自のルーティンがあるものだ。

そんな前田も、90年の入団当初は、弱音を吐いた。私は二軍打撃コーチだった。

「楽しくありません。こんな感じだとは思いませんでした」

山本浩二監督がチームを変えようと厳しく練習させていたころだ。2時間もアップをするから、ヘトヘトになる。コーチもピリピリしていた。前田は、「テレビで見る分には、一

右手1本でトスバッティングを行う前田智徳。その打撃センスには著者も一目《いちもく》置いていた。

軍は楽しそうだったのに、実際は全然違う」と言うのだ。

「だったら、お前はレギュラーを取れ。この世界は18歳でも19歳でも、ポジションを取れば、周囲はいろんなことをしてくれる。グリーン車にだって乗れるんだ。自分の思うような野球環境は作れる。それには、レギュラーを取らなきゃいけないんだ」

野球が職業になり、楽しくなくなったという。若いころから、そんな難しい一面があった。「孤高の天才」と言われ、ほかの選手と話をすることはあまりない。誰かと食事に行ったり、つるんだりするのを好まなかった。

例えば、東京遠征で先輩と出かければ、食事をすませただけで「じゃあ、失礼します」と帰るわけにはいかない。「2軒目に行くぞ」と言われたら、ついていくしかない。ある選手に聞いた話では、「前田は誘っても、ことわるんですよ」と言う。連れ立っていけば、食事代は先輩が払ってくれるが、「自分の時間を大事にしたい。それくらい、自分の金で食べます」が持論。10代のころから、堂々と誘いをことわっていた。

前田に打撃のアドバイスをした覚えはあまりない。バットを振らせたり、メンタル面の話をしたりすることが多かったように思う。チーム内で孤立しないよう、なるべく声をかけた。

07年に2000安打を達成したが、アキレス腱《けん》を断裂するなど故障に苦しめられた晩年は、オフを作らず、トレーニングに没頭していた。

新人時代からパワーがあるのに消極的な江藤智の改革

前田と同じ高卒でも対照的なのは、体が強かった江藤智だ。90年代の広島の主砲・江藤は、88年オフのドラフト5位で捕手として入団。私は二軍打撃コーチだった。江藤は右肩を故障していて、二塁まで強く送球できなかった。一方で、打球の飛距離は群を抜いていた。今では一般的なロングティーを、山本浩二監督は好んだ。最初に導入した人物ではないか。体全体を使って強く振る練習になるから、私も推奨《すいしょう》しているが、打球が右や左にブレてはいけない。体の内側からバットを出し、センター方向に力を加えれば、打球は真っ直ぐ伸びる。江藤は新人時代に、このロングティーでバックスクリーンにブチ当てた。方向性も完璧《かんぺき》。勢いのないトスをスタンドまで持っていくには、相当な力が必要だ。肩は故障していても、これだけ強く、遠くへ飛ばせるのは長所であり、大きな魅力だった。そこで、江藤を「強化指定選手」にすることにした。とはいえ、投げられなくては、捕手は厳しい。3年目からは三塁手として鍛《きた》える方針になり、連日の猛ノックで土台を作った。足でしっかり土をつかみ、下半身を安定させるため、裸足《はだし》でのスイングも取り入れた。

「目」も優《すぐ》れていた。動体視力の検査をしたときに、短い時間で数字を的確に読み取れたのが江藤だったのだ。まだレギュラーになる前だったが、目の良さを持っていたことも、バッティングで結果を残せた1つの要因なのかもしれない。

入団1、2年目のころは、江藤も消極的なところがあった。私はこう言ったことがある。

「バットを振って三振をするのは構わない。ただし、見逃しはダメだ。真っ直ぐを待っていて変化球が来ても、バットは振りなさい」

自分とボールとの距離は、バットを振らないとわからない。そのうち、変化球を片手でポーンと左中間へ弾《はじ》き返せるようになった。猛練習の中で、下半身が強化され、守備も打撃も、着々と成長の跡《あと》を見せていく。

90年代の広島を主軸として支え、99年オフに巨人へFA移籍。盗塁はできなくても、走塁はできる――。当時、私は巨人の一軍打撃コーチ。江藤は、パワーヒッターで足が速くないのに、一塁走者のときには、大きなリードをとり、積極的に三塁へ進塁するなど、カープで叩き込まれた走塁を披露した。長嶋茂雄監督は「江藤は意識が高い」と、最初に驚いたのが走塁だったそうだ。のちに、江藤に広島時代の過酷《かこく》な練習について聞くと、こう話した。

「選手時代は夢中でしたが、すべてを受け入れて乗り越えられた。選手としてある程度は成功できた今、コーチをするうえで、あのときに厳しく指導してもらったことが生きています」

そんな江藤と、15、16年には、巨人の一軍打撃コーチを一緒に担当することができた。

江藤が選手として成功した要因は、本項の冒頭で触れたように、体の強さ。泥にまみれながらプロで生きる道を切り開いた。体だけは丈夫だった後輩の新井貴浩にも通じている。

私とマンツーマンでスイッチヒッターに挑戦した正田耕三《しょうだこうぞう》に、古葉竹識監督は…⁉

私が50年間もユニフォームを着続けられたのは、広島のコーチ3年目に初めて「作った」と自負できる選手に出会ったからにほかならない。それが、のちにプロ野球史上初の快挙を成し遂《と》げる正田耕三《しょうだこうぞう》だ。

84年秋のドラフト2位で入団した正田には、私のほうが指導者として勉強させてもらった。このころのカープは強かった。内野には高橋慶彦、山崎隆造《やまさきりゅうぞう》、外野には山本浩二さん。ほぼ不動のメンバーで戦っていた。二塁のレギュラーを狙う正田から、「どうしたら、スタメンで試合に出られるようになりますか？」と聞かれた。入団当初は守備固め、代走要員という形が多く、先発出場は少なかった。右打席での打撃を見ると、逆方向には打てるがパワー不足。特徴もなかった。「足を生かすためにも、スイッチヒッターになったら？」と、挑戦を勧《すす》めた。

古葉竹識監督にも、正田のスイッチ転向プランを伝えた。チーム内では、すでに高橋、山崎の2人が成功していることもあり、「バッティングを向上させるには、スイッチもいいんじゃないか。やらせてみたらいい」と、了承された。本人には、「バットを抱いて寝るぐらいじゃないと、成功しないぞ」とハッパをかけ、左打ちの特訓が始まった。

カープの一軍の寮（三篠寮《みささ》。三省寮《さんせい》とも呼ばれた）と当時の私の自宅が近かったこともあり、毎朝9時に開始。マウンドから距離を半分にした所に立たせ、打撃マシンの「超速球」を打たせた。バットが遠回りすれば、まず当たらない。当てるには、どう構え、どうヒジを使い、どの角度でバットを入れるのか。バットの軌道を考え、最短距離で出すことが目的だ。ときには、腕をゴムチューブで縛《しば》り、脇があかない状態を強制的に作り上げたこともあった。

10日間くらいは、バットにかすりもしない。だが、次第にチップをするようになり、目が慣れてくると、少しずつ前に飛び、ついには芯に当たるようになった。

「習うより慣れろ」。理屈の前に、体で覚える。朝の室内練習場で500〜600球。こうして1シーズンのうちのほとんど毎日、顔を合わせて指導した。朝と夜、1日合計で1000球は打たせたと思う。

その時点では、まだ誰にも見せていない。正田と私、2人だけの練習だった。遠征先の夜間練習で素振りをする際やグラウンドで練習するときは、右打席のみ。モノになるかわからない左打者の練習は、「時間外」に量を振るということで、シーズンの初めから続けてきた。

最も幸運だったのは、常に二人三脚でできたこと。普通、若手は何打席か打たなければすぐに二軍に落とされる。しかし、正田には守備力と走力があった。レギュラーでなくても、守備、代走要員として一軍に居場所があり、一軍コーチだった私のマンツーマン指導が可能だったのだ。85年は、2位でV逸《いつ》。シーズン終盤、古葉監督は私に言った。

「誰か若手を、打席に立たせていいぞ」

「正田に打たせます」

「わかった」

中日の速球派・小松辰雄《たつお》との対戦が絶好の腕試《うでだめ》しになると思った。さらに、古葉監督に「正田を左で打たせてみます」と申告すると、驚いた表情でこう言った。

「な、なんで左?」

古葉監督は、以前、私が言ったことを、すっかり忘れていた……。

正田を開花させた指導の成功体験のおかげで、のちに巨人から声

85年シーズン終盤、私とマンツーマンで密《ひそ》かにスイッチヒッターの特訓を積んできた正田。「左打席」での初実戦は粘った末のレフトライナー。しかし、古葉監督が「これは面白

い。いけるんじゃないか」と太鼓判を押してくれたことで、秋季練習から晴れてグラウンドでスイッチヒッターの練習ができるようになった。割合は左8、右2。翌86年のシーズンはスタメン起用も増え、90試合に出場した。

その86年のオールスター前の試合で、正田は守備で右手にボールを受け、中指を骨折するアクシデントもあった。レギュラーをつかみかけていた時期なので、無理に出ようとしていたが、1試合出場したあと、首脳陣の考えでスタメンから外した。正田の気持ちはわかる。自分が休んでいるあいだに、新しい選手にポジションを奪われる可能性があるわけだ。少しでも気持ちを抜いてしまえば、レギュラーの座を失う。それが、プロの世界である。

その年、リーグ優勝を果たし、V旅行先のハワイで驚いたことがあった。ゴルフコンペに参加した正田が、ゴルフバッグにバットを2本忍《しの》ばせてきたのだ。スイッチヒッターに挑戦する際、「バットを抱いて寝るぐらいじゃないと、成功しないぞ」とは言った。それでも普通、ゴルフ場にバットは持ち込まない。ましてやハワイに、である。「空《あ》いた時間に素振りがしたかった」と正田。スイッチヒッターとして成功したいという執念《しゅうねん》を感じた。

87年はつなぎの2番打者として、29犠打をマーク。最終戦の最終打席で、武器にしていたセーフティーバントを決め、打率3割3分3厘で、巨人の篠塚利夫《としお》（のちの登録名：和《かず》典《のり》）と首位打者のタイトルを分け合った。本塁打ゼロの首位打者は、2リーグ制となって

正田耕三のスイッチヒッター成功は、本人と著者（左）の二人三脚での取り組みから生まれた。
写真は、左打ちのスイング時に前へ流れないようにするため、内転筋《ないてんきん》を締めさせている場面。

初。そして、スイッチヒッターの首位打者は、プロ野球で初めての快挙だった。

1番を務めた翌88年には、打率3割4分0厘。2年連続で、今度は単独で首位打者に輝いた。続く89年は首位打者こそのがしたものの、最終戦でプロ野球タイ記録の1試合6盗塁を決めて、自己最多の34盗塁で、初の盗塁王。守っても87年から二塁手で5年連続ゴールデングラブ賞を獲《と》るなど、走攻守でチームを支え続けた。

当初、私は正田に打撃センスを感じなかった。これを自覚していた正田は、「なんとか成功したい」との一心で食らいついてきた。がむしゃらにバットを振った。

正田ほどの足があれば、いわゆる「当て逃げ」で内野安打を稼《かせ》げたかもしれないが、そんなことはやらせなかった。強く振る中で、グシャッと詰まった当たりが内野安打になることはあっても、最初から「当て逃げ」のことを考えていたら、小さくまとまったバッターになるだけだ。「大は小を兼ねる」ではないが、強くスイングする過程の中で、泳ぎながら片手で拾ったり、落ちる変化球に食らいついたりする技術が身についていく。

すでに紹介した緒方、金本、新井、そして正田と、豊富な練習量で、一流に育てるのがカープのスタイルだ。表現が適切かわからないが、馬や牛を川にまで連れていき、「さぁ飲め」と言うのが他球団ならば、カープは頭を突っ込ませてでも強制的に飲ませる。初めは無理やりでも、行ううちにそれが習慣になり、いつしか自主的に取り組むようになるものである。

不器用だった男が一流になっていく姿は、指導者として駆け出しだった私にとっても成功体験となり、大きな自信になった。正田が一人前になったおかげで、私の指導者人生もつながっていく。その後、なんの縁《えん》もない巨人に声をかけてもらい、広島と行ったり来たりしながら、ユニフォームを脱ぐことなく、計37年間もプロでコーチを続けることができた。今でも「高橋由伸や阿部慎之助を育てた」などと言ってもらえるが、コーチの名を上げるのは選手。コーチは選手に生かされるものなのだ。

クビ危機の嶋重宣《しましげのぶ》を、先入観を持たずに指導！　いきなり首位打者になった理由

一度は戦力外が決まっていたところから這《は》い上がってきた、思い出深い男がいる。21年からは埼玉西武の三軍野手コーチを務める嶋重宣《しましげのぶ》だ。

94年オフのドラフト2位で、投手として広島に入団。99年から野手に転向し、02年にウエスタン・リーグの最高出塁率のタイトルを獲ったものの、03年までの5年間、一軍のレギュラーに定着できなかった。致命的だったのは、内角を苦手にしていたこと。腰痛も抱《かか》えており、すぐに離脱する選手というレッテルを貼《は》られ、ほかのコーチ陣から、「もう厳しい」と見られていた。

私は02年まで巨人の打撃コーチだったため、それまで嶋との接点はなかった。初めて本格的に指導したのは、広島の一軍打撃コーチに復帰した03年の秋季練習だった。嶋はその年、一軍で2打席に立っただけで9年目を終えていて、球団は戦力外を通告しようとしていた。とはいえ、打撃練習を見ていると、ボールに対していいコンタクトをしている。秋季練習で27歳の嶋と成長が期待される若手を比べたとき、力の差があった。嶋はまだやれると感じた。

球団は、戦力外にする前にトレードを考えていたという。それでも、「2、3年前ならトレードできたんだけど、今年は欲しいという球団が出てこない。嶋を解雇《かいこ》しようと思うんだが……」と聞かされた。

意見を求められた私は、「あと1年でいいので、なんとか嶋を置いてもらえませんか？その代わり、打撃については全部任せてください」とお願いし、了承された。一度は決まったクビが覆《くつがえ》り、1年間の猶予《ゆうよ》をもらったことになる。面白くない首脳陣もいたはずだ。実際、あるコーチに「お手並み拝見」と言われ、闘志に火がついた。というよりも、はらわたが煮《に》えくり返る思いだった。嶋には、こう告《つ》げた。

「俺はお前を知らないから、先入観を持たないでフラットな目で見る。一度クビになったようなもんだ。失うものは、なにもないだろ。来年1年だけだぞ。オレはお前の体調なんか気にしない。もし腰が壊れたら、そこで終わるぐらいの気持ちで、死に物狂いでやってみろ。壊れてもいいつもりで、どんどんバットを振らせるからな」

二軍では3割打てても、一軍では通用しない。原因はいくつもあったが、内角を意識するあまり、開きが早く、かかと重心になっていたことが気になった。まず、重心をつま先側にかけられる練習を考えた。ティー打撃の際、通常の斜め前方からではなく、真横からトスを投げたり、内角に緩《ゆる》いカーブを投げたりして、それをファウルにしないよう、腰を速く回しながら打たせた。打撃コーチの仕事は、いかに選手にいいクセをつけさせるか、だと思う。

秋季練習から翌04年の春のキャンプでも好調をキープしたが、オープン戦終盤の2試合で無安打。先発ローテーション組の肩ができあがってくる時期であり、ピッチャーのレベルが1つ上がる。ここで結果を出せるかが、一軍で打てるかどうかの分かれ道だが、打席の内容が悪く、失速。控えに回ることになった。この世界は一度レギュラーから外されると、出場機会を取り戻すのは難しい。そんな嶋が再びチャンスを得る「追い風」が吹く。

嶋の代わりに起用するはずだった選手たちが背中やヒザを故障し、相次いで離脱したのだ。

「だったら、嶋でええわ」

山本浩二監督は、ヤケクソ気味に一軍打撃コーチだった私に言った。そんな緊急出場の試合で、嶋は左投手から3安打。ジ・エンド寸前のところで、またも踏みとどまり、開幕スタメンの座を射止めた。

嶋重宣を指導する著者。バットのヘッドが下がらないようにスイング軌道を入念にチェックしている。軸足となる左足の下には傾斜のついた板を置き、かかと重心の矯正《きょうせい》も同時に行う。

レギュラーを不動のものにしたのは、開幕3試合目。中日のエース・川上憲伸《けんしん》（のちに、アトランタ・ブレーブスにも在籍）から、苦手としていたインコースのカットボールを見事にさばき、右翼ポール際に本塁打を放《はな》った。ベンチで、山本監督が興奮気味にこう言った。

「ウチ、これはいけるぞ」

波に乗った嶋はその年、打率3割3分7厘で首位打者、189本で最多安打の2つのタイトルを獲得した。解雇寸前からの見事な逆転劇だった。シーズン終了後、球団幹部から「内田さんのアドバイスを聞いて良かった」と言ってもらったことを思い出す。選手への「先入観」がいかに恐ろしいものかを痛感した。以降、それだけは肝《きも》に銘《めい》じて、指導にあたった。

ミートポイントをつかめれば大成した栗原健太、裸《はだか》で協力(!?)してくれた石原慶幸《よしゆき》

08年に3度目となるカープの一軍打撃コーチに就任したとき、144試合フル出場を果たし、自己最高の3割3分2厘、103打点を記録したのが、59〜60ページでもお話しした栗原健太だ。見た目はごっつい顔をしているが、優しい性格をしていて、いわゆる「いい子」。競争の激しいプロで戦うには優しすぎる、と思うぐらいだった。

栗原は、変化球を逆方向に打つのがうまかった。が、その一方で、ストレートに差し込

まれるクセがなかなか直らなかった。なぜかというと、ミートポイントが近いのだ。「引きつけたい」という意識が働くのか、どうしても体の近くまでボールを入れようとする。だから、必然的に変化球にはタイミングが合うのだが、ストレートには差されて、遠くに飛ばない。

練習では、ロングティーをよくやった。早めにタイミングをとって、いちばん飛ぶポイントでボールを打つことを、体に覚え込ませた。もともと、ポイントが近い選手なので、前でとらえる意識を強く持ってほしかったのだ。

ただ、試合の打席になると、どうしてもポイントが近くなる。ストレートをしっかりととらえる技術を身につけていたら、毎年30本打てる長距離砲になっていたはずだ。打撃コーチの私としても、「もっともっと活躍できた」という思いもある。

20年シーズンで引退した石原慶幸《よしゆき》は、栗原の2つ年上。ともにカープがなかなか勝てないときに、チームを支えてくれた選手である。

石原の思い出は……彼には申し訳ないが、プレーよりも、そのキャラクターだ。4番を任された新井が、なかなか結果が出ずに悩んでいたことを書いたが（121ページなど参照）、このとき、持ち前の明るいキャラクターで、新井の心を軽くしてくれたのが石原だった。

当時のカープは試合後、その日の反省も込めて、10分ほどの素振りをした。遠征先の場合は大広間を使って、全員で行う。中軸が打てずに黒星が続いたときは、どうしても新井が責任を背負い込み、悲壮感漂う表情になっていた。そこで、打撃コーチの私が声をかける。

「おい、新井。技術じゃなくて、メンタル。今のスイングができていれば、あしたは打てるから。大丈夫だ！」

とはいっても、生真面目《きまじめ》な新井だ。すぐに切り替えられるわけではない。私は、近くにいた石原に指示を出した。

「石原、裸《はだか》で振れ！」

「はい！」

「パンツ一丁になれ！」

「はい！」

そこでまわりがクスクスと笑い始め、新井の表情にも明るさが見えてくる。石原も、新井先輩の気持ちをラクにするために、文字どおり、ひと肌脱いでくれた。さすがに、今こんな指導をしたら、問題になるだろう。

石原は、自分を犠牲にしてでも体を張れる男だった。だから、人望が厚い。キャッチャーとしても、ピッチャーの良いところを引き出すリードに定評があった。ときに、ふがいない投球をする後輩には、ビシッと強い返球を投げ、ボールで思いを伝えていた。タイムをとって、マウンドに行くことだけが叱咤激励《しったげきれい》のやり方ではないのだ。

レギュラーをつかんだ堂林翔太《どうばやししょうた》からの相談メールに、返した私の回答

新人時代から面倒を見ていた堂林翔太《どうばやししょうた》が、20年シーズンにようやく才能の片鱗《へんりん》を見せてくれた。プロ入り11年目の29歳。もう、あとがないシーズンが続いていただけに、自分のことのようにうれしい気持ちだ。

シーズン序盤から結果を残し、6~7月の2か月（31試合）で、打率3割5分8厘、7本塁打、22打点と、爆発。8月以降、相手のマークも厳しくなり、なかなか打率は上がらなかったが、10月には24試合で打率2割7分8厘と、及第点の数字を残した。最終的には、キャリアハイの2割7分9厘。レギュラーで出場した12年以来の活躍と言っていいだろう。

堂林の特徴はリストの強さにある。インパクトでガツンとリストを返して、右中間に長打を打てる。ただ、これは諸刃《もろは》の剣《つるぎ》であり、リストを返すのが早く、低めの変化球をこねてしまうことも多かった。リストの強さは残したまま、始動を早くすること、インサイドアウトで振り抜くことに徹底して取り組み、結果につながったのがこの20年シーズンだった。テレビで見ていて感じたのは、インコースのさばきがうまくなったことだ。後ろヒジをヘソにこするように持ってきてから、体の回転でクルッと回る。この打ち方を覚えられ

2020年は、7年ぶりに100試合以上出場を果たした堂林翔太。打率.279はキャリアハイ。

れば、急激に打率が下がることはないだろう。

シーズン序盤に活躍したことによって、「スタメンで使ってもらえる」「簡単には下げられない」という、いい意味での安心感も数字につながったはずだ。「1日4～5打席ある」と考えるのと、「内容が悪ければ、すぐに代打を出される」と追い詰められて臨《のぞ》むのでは、打席での余裕の持ち方が変わってくる。「1打席目は外のスライダーで抑えられたので、今日はそこが勝負球になる確率が高い」といったように、1試合の中でストーリーを組み立てることができるのだ。

堂林からはときおり、相談のメールが来る。球団にはコーチがいるので、あまりでしゃばるわけにはいかないのだが、ただ1つ言っているのは、「18・44メートルを19・44メートルに感じられるような、タイミングのとり方をしてみたらどうだ?」。バッテリー間は18・44メートルで、この長さは世界共通である。それでも、始動を早くして、トップを早めに作ることによって、バッテリー間を長く感じることはできるはず。実際の距離は変わらなくても、体感的にゆったりと間合いを感じられるようになれば、おのずとボールを長く見られる……というわけだ。

スイング軌道はだいぶ安定してきただけに、あとはピッチャーとのタイミングが問題になる。21年はもっと厳しい攻められ方をするだろうが、どう対応していくか楽しみにしたい。

岩本貴裕《たかひろ》の才能を伸ばしてやれず、謝りたい…指導者人生最大の後悔《こうかい》

私が「名伯楽《めいはくらく》」などと言ってもらえるのも、携《たずさ》わった選手がうまく育ってくれたおかげ。しかし、私の指導者人生の中で、教え子全員が思い描いたような結果を残せたわけでは、もちろんない。

名球会に入るような超一流選手にも劣らない才能があったと、今でも心残りの教え子がいる。パワーヒッターでありながら、逆方向にも長打が打てる柔軟性も併《あわ》せ持っていた。だが、大成しなかった。19年限りで現役を引退した広島の岩本貴裕《たかひろ》である。

広島商業高校では、高校通算52本塁打。亜細亜《あじあ》大学でも、東都大学リーグ歴代4位の通算16本塁打を放《はな》った。08年オフのドラフト1位で、広島に入団。91年の町田公二郎以来となる大卒野手の1位で、金本知憲の背番号10を引き継いだ。

地元出身の左の和製大砲への期待の大きさは、新球場のフェンスの高さにもあらわれた。ちょうど入団1年目の09年に開場予定だったマツダスタジアム（MAZDA《マツダ》 Zoom《ズーム》-Zoom《ズーム》スタジアム広島）の左翼ポール際のフェンスは、当初、7メートルの「グリーンモンスター」にする計画だったと聞く。それが、左打ちでも左翼方向への長打が持ち味だった岩本

を獲得することが決まり、右翼と同じ3・6メートルに急遽《きゅうきょ》変更した経緯があるそうだ。

打撃統括コーチだった私は、松田元オーナーから直接、「岩本を見てやってくれ」と頼まれていた。1年目から二軍のほぼ全試合に、4番で起用。最終的に、二軍ではリーグ2位となる14本塁打を放《はな》った。これは、二軍にいる選手ではない——。そう感じた。なんとか一軍に行かせようと、私も周囲も躍起になった。しかし、インコースが苦手という弱点が、はっきりしていた。

10年からは一軍で出場機会がもらえるようになり、ノーステップ打法で14本塁打。大器の片鱗《へんりん》を見せ始めたが、11年にヒザを故障し、レギュラー定着の機会を失った。苦手なインコースを意識するあまり、どうしてもかかと体重になってしまう。開きが早く、ボールの見切りも早いから、変化球に対応ができない。ボール球に手を出すという悪循環《あくじゅんかん》だった。さらに、アウトコースを逆方向に飛ばすという長所にも、影響が出始めた。

1打席限定の代打向きではなかっただけに、レギュラーをつかめないと、出番を失う。緒方孝市監督が就任した15年から、岩本は出場機会が激減した。

間違いなく才能はあった。しかし、プロで活躍するための「再現性」が欠如していた。好調を維持する持続力がなかったのだ。

チャンスをもらったとき、重圧をはねのけ、自分の持てる力を発揮できるか。首脳陣からの期待に応《こた》えられるか。考え込んでしまう真面目な性格も災《わざわ》いした。紙一重、あと一歩だった。育てきれず、申し訳なかった。

岩本は、20年から広島のスコアラーとして第二の人生を踏み出している。野球を勉強して、球団に恩返ししてほしい。

外国人打者の活躍は、逆方向に打てるかどうか！ ラロッカとランスの違い

カープでは、何人もの外国人選手と出会うことができた。

コーチとして心がけていたのは、ストレスを溜《た》めさせないことだ。初めて日本に来る選手がほとんどであり、日本人との会話は通訳を介《かい》すことになる。それだけでもストレスがかかるのに、打撃コーチからフォームの矯正を指示されたり、オーバーティーチングを受けたりすると、プライドを持っている彼らはいい気がしない。そこに至るまでに、しっかりとコミュニケーションをとり、ときには笑いをとるなどして、信頼関係を築くように心がけていた。

他球団も含めて、数えきれないほどの外国人選手を見てきたが、打撃において、日本で活躍するカギは、「逆方向に打てるかどうか」に尽きる。

基本的には強く引っ張るプルヒッターで、パワー自慢が多い。力と力の勝負であればこのスタイルでもいいのだが、日本の攻め方はアメリカとは違う。ピッチャーは際どいところに投げきるコントロールに長《た》け、そこにボール球を巧《たく》みに使うキャッチャーの配球が加わる。となると、引っ張るだけではどうしても打率が低くなってしまう。外国人には外の変化球を主体に攻めることが多いわけで、それを逆手《さかて》にとって、逆方向に意識を向けられるようになれば、日本でも数字を残せるはずだ。

カープ時代には、現地でのプレー映像を集めたビデオを見ることもあった。獲得に際して、「内田さんの意見を聞きたい」ということだった。そこでも目についたのは、逆方向に打てるバッターだ。

印象に残っているのは、04年から2年間カープに在籍し、のちにヤクルトやオリックスでもプレーしたグレッグ・ラロッカである。逆方向にうまく打つ映像が、いくつかおさめられていた。右打者のラロッカで言えば、右中間やライト方向にきれいなライナーが飛んでいる。逆方向に飛ぶということは、体の内側からバットが出るインサイドアウトの軌道で、ボールの内側を叩けている証《あかし》。来日1年目は推定年俸2700万円という破格の安さだったが、打率3割2分8厘、40本塁打、101打点と、素晴らしい成績を残してくれた。

当初、ラロッカの触れ込みは「中距離打者」。だから、40本塁打も打てるとは誰も思っていなかった。要因として考えられるのは、アメリカよりも日本の球場のほうが狭いこと、日本のほうがボールの質が良く、飛距離が出やすいことがあっただろう。とくにラロッカがいた当時は、広島市民球場、ナゴヤ球場、神宮球場と、ホームランが出やすい球場が揃《そろ》っていた。逆方向でも、芯で的確にとらえられれば、ホームランの可能性が生まれる。

他球団ではあるが、横浜で活躍したロバート・ローズも、ラロッカによく似たタイプと言える。日本で8年間プレーして、打率3割2分5厘、167本塁打。「超」が付くほどの優良外国人だった。

一方で、プルヒッターのまま終わってしまったのが、87年に39本塁打を放《はな》ち、セ・リーグの本塁打王を獲得したランス（リック・ランセロッティ）だ。打率2割1分8厘、リーグワーストの114三振を喫《きっ》した。7番で起用していたときに、通訳を連れて、「これだけホームランを打っているのに、なぜ、打順が7番なんだ？　打撃コーチから監督に伝えてほしい」と言いに来たときがあった。阿南準郎《あなんじゅんろう》（旧登録名：潤一《じゅんいち》）監督（元広島、近鉄）の元に行くと、「打率が上がってきたら、4番を打たせる」とランスに伝え、本人も納得していた。

ランスの場合、どうしてもミートポイントがピッチャー寄りにあり、それを改善するのがなかなか難しかった。

タイトルはすべて30歳以降！ 山本浩二さんが遅咲きだった秘密

50年間のユニフォーム生活でいちばんの恩人、山本浩二さんの話をしよう。出会いは1968年。大学選手権の決勝で、3年生だった私がいる駒澤大学と法政大学が対戦した。あのころの法大は強かった。4年生の山本浩二さん、田淵幸一《たぶちこういち》さん（元阪神・西武、元福岡ダイエー監督）、富田勝《とみたまさる》さん（元南海、巨人、日本ハムなど）の「法政三羽ガラス」にボコボコに打たれて、3－12。3人はのちに、広島、阪神、南海からそれぞれ1位指名を受けた。エースは、私と同じ3年生の山中正竹《まさたけ》（現・全日本野球協会会長）。スター軍団に、駒大は手も足も出なかった。

浩二さんはカープが初優勝した75年、オールスターで衣笠祥雄《きぬがささちお》さんと2人で2打席連続アベック本塁打を放《はな》ち、ブレイクした。そのシーズンは、打率3割1分9厘で首位打者となり、30本塁打、84打点、24盗塁で、カープのリーグ初優勝に貢献。シーズンMVPにも輝いた。この年から、「ミスター赤ヘル」と呼ばれるようになる。浩二さんは29歳だった。

122ページでも触れたが、現役時代、大学出身者日本記録の通算536本塁打。4度の本塁打王、3度の打点王のタイトルはいずれも30歳以降という、大器晩成型だ。

1学年上の浩二さんと再会したのは、私が日本ハムからトレードでカープに移った77年から。このころから、打つことは認めてくれていた。

浩二さんの遅咲きの理由は、「腰痛《ようつう》を抱《かか》えていたため、負担が少ない逆方向への打撃を覚え、広角打法を取り入れたからだ」と、本人は話している。

前述のように、監督時代、苦しんでいた新井貴浩に、「俺も27歳からブレイクした。お前はまだ26歳。もう1回頑張ってみろ。今が踏ん張りどころや」とゲキを飛ばしていたのを思い出す。新井も遅咲きだった。

82年いっぱいで、私は現役を引退。83年、古葉竹識監督のときに私は、カープの二軍打撃コーチ補佐として指導者のキャリアをスタートさせた。翌84年から、一軍打撃コーチ。浩二さんは、まだ現役だったが、選手として晩年を迎えていた。84年のある日、古葉監督から、「浩二を3試合くらい休ませる」と言われた。私は、それを本人に伝えた。

「わかった」

浩二さんは調子が悪くなると、アメリカンノックを受けたり、ポール間を走ったりして、下半身をいじめていた。だが、3、4試合が過ぎても、古葉監督からお呼びがかからない。浩二さんから、「なんでだ?」と問い詰められた。その後、復活し、この年は33本塁打を放《はな》った。

シーズン終了後、浩二さんは「あのときは、ウチに詰め寄って悪いことをした。いい勉強になった。この経験は、指導者になったら必ず生きる」と、当時の思い出を噛《か》み締めていた。

89年に浩二さんが監督に就任すると、カープキャンプは地獄と化した。大下剛史ヘッドコーチと「チームの体質を変える」と、最初のウォーミングアップだけで2時間。ポール間走、100メートル、50メートルといった短距離走を行って、守備練習も1時間。昼食後は打撃練習といった具合で、スパルタの毎日だった。

現監督の佐々岡真司《ささおかしんじ》をはじめ、野村謙二郎、緒方孝市、金本知憲、江藤智、前田智徳、新井貴浩らが薫陶《くんとう》を受けた。パワーだけでなく、スピードを兼ね備えた選手を好み、1つ先の塁を狙う。カープ野球の礎《いしずえ》を築いた人だ。

浩二さんと長嶋監督とのホットラインで、縁《えん》もゆかりもない私の巨人移籍が実現

そんな浩二さんは、巨人の長嶋茂雄監督に似ているところがあった。広島を計10年率《ひき》いた監督としての浩二さんは、人に任せたことには決して横から口を挟《はさ》まない。打撃コーチの私には、「あいつはどうなんだ？　俺はこう思うけど」と言うことはあっても、コーチから選手に発信してくれ、というスタンス。打撃コーチを飛び越えて選手に直接指導することはほとんどなく、打つことに関しては任せてくれた。巨人で仕えた長嶋監督も「弟子」

の松井秀喜を除けば、浩二さんと同じスタイルだった。コーチとしては、任せてくれれば意気に感じる。その代わり、結果が出なかったときには責任も生じる。

93年、カープは最下位に沈み、5年間務めた浩二さんが第1期の監督を辞任することになった。二軍の打撃コーチだった私はこのとき、球団から翌年のフロント入りを打診された。しかし、私は現場にこだわりがあった。その後、三村敏之二軍監督が新監督に昇格。三村監督からは「現場に残ってほしい」と言われたものの、球団の決定は覆《くつがえ》らないという。すると、長嶋さんと親交があった浩二さんが、水面下で動いてくれた。このおかげで、縁《えん》もゆかりもない巨人から、「選手育成で力を発揮してほしい」とオファーが届くことになる。

今思えば、このときが「ユニフォーム生活が途切れるかもしれない」という、いちばんの窮地《きゅうち》だった。巨人で以後、トータル16年間もユニフォームを着させてもらった。だから、浩二さんがいちばんの恩人だ。東京に行くときに浩二さんから、こう助言された。

「巨人でプレーをしたことがない外様《とざま》で、3年を超えて、4年、5年と務めたコーチはいないそうだ。3年間は夢中になってやりなさい」

巨人に頼まれたわけでもないのに、自《みずか》ら希望して選手寮に2年間住み込み、コーチ業に打ち込んだのには、理由があった。「浩二さんに恥をかかせられない」という一心だった。

巨人では94年から02年まで、9年間コーチを務めた。03年からカープに復帰したのも、第

2次政権3年目を迎えようとしていた浩二監督に呼び戻されたからだった。この02年、巨人が日本一になったこともあり、前年で監督を勇退し、巨人終身名誉監督となっていた長嶋さんが、コーチ陣を食事会に招待してくれた。その席で、こう言われたのを思い出す。

「ウッちゃんは、浩《こう》ちゃんのところからお借りしていたんだから。よく頑張ってくれたね。カープでも頑張ってくれ」

浩二さんは来る者は拒まず、受け入れる性格。ゴルフ、麻雀《マージャン》、酒が好き。そして美食家である。そんな浩二さんが、癌《がん》からの復活を果たした。

19年、膀胱《ぼうこう》癌と肺癌で、4度の手術を受けていた。胆石《たんせき》除去などを含めれば、計7度の手術を受け、壮絶な闘病生活を送っていたことがニュースになった。19年、何度か浩二さんと会った際は、まだ体調がすぐれない様子で心配していたのだが、20年2月、宮崎での巨人や広島のキャンプを訪問し、解説者としても復帰。本当にホッとしている。

衣笠祥雄さんの連続試合出場が途切れぬよう、天気予報チェックが私の日課

山本浩二さんとともにカープの黄金期を支え、「鉄人」として球史に名を残す、「キヌさん」こと衣笠祥雄さんも、忘れられない選手だった。

私が二軍打撃コーチに就任した83年春のキャンプ。二軍の夜間練習を指導する新米コーチの私に、「ウチ、頑張っているか?」と、1学年上の浩二さんとキヌさんが、激励《げきれい》がてら練習場に来てくれたことがある。「ミスター赤ヘル」と「鉄人」は、若手の練習を見ながら、「お前、いいスイングするじゃねえか」と声をかけて回ってくれた。若手は目を輝かせている。私が言うより、効果は絶大だった。

キヌさんは、同学年の浩二さんとは、正反対な部分が多かった。

浩二さんは広角打法。キヌさんは「強い打球をレフトに打ちたい」と、若いころからプルヒッターで、今の福岡ソフトバンク・柳田悠岐のように、ヘルメットが吹っ飛ぶくらいフルスイングをするのがポリシーだった。浩二さんは、配球のチャート表や投手のクセなどを頭に入れて試合に臨んでいた。それに対し、キヌさんは「来た球を打てばええんや」と感性を大事にした。ひと言で言えば、「天才型」だ。

キヌさんは83年に2000安打を達成したものの、それまで一度も打率3割をマークしたことがないという珍しいケースだった。それが、私が一軍打撃コーチになった84年になると、「バッティングを見つめ直す」と、春のキャンプから逆方向へ打ち始めた。当時、連続試合出場記録が続いており、引っ張るだけでは、やがて行き詰まると感じていたのだろう。するとこのシーズン、37歳にして自己最高の打率3割2分9厘、31本塁打、102打点で、打点王を獲得。リーグ優勝に、シーズンMVP、さらには日本シリーズも制した。あとにも先にも、キヌさんが3割をマークしたのは、この84年だけだった。

ケガに強く、骨折しても、出場を志願した。79年に巨人の西本聖《たかし》（のちに、中日、オリックス・ブルーウェーブにも在籍）から死球を受け、左肩甲骨《けんこうこつ》を骨折。全治2週間と診断されたが、翌日の巨人戦には代打で出場し、江川卓《すぐる》を相手に、3球すべてフルスイング。その2日後には、フル出場を果たした。トレーナーは、「筋肉に張りがあって、弾力がある。揉《も》むと、手が弾《はじ》かれる」と証言した。そんな「しなやかで強い筋肉」こそが、キヌさんの武器だった。

私が一軍のコーチになった84年から古葉竹識監督、86年からは阿南準郎監督に「ウチ、天気を気にしてくれ」と言われ、予報のチェックが日課になった。キヌさんが打率2割0分5厘と低迷し、スタメン落ちの試合が増えた86年以降は、とくに注意が必要だった。

もし、5回終了時に雨天コールドゲームが成立してしまい、それまでにキヌさんが試合に出ていなかったら、記録がストップしてしまう。だから、試合が成立する前に、代打で起用しなければならないのだ。

70年から始まった記録は、87年にルー・ゲーリッグ（ニューヨーク・ヤンキース）の持つ連続試合出場の世界記録２１３０を更新。２２１５試合連続出場で、この年限りで引退した。

第4章

他球団打者分析&好投手攻略法

~相手を研究して、チームに生かす~

吉田正尚、柳田悠岐、近藤健介《けんすけ》…日本代表の主軸打者に学ぶポイント

ここまでは、私が打撃コーチとして関わった巨人や広島の選手たちについて、指導法や思い出を語ってきた。本章では、他球団の日本代表「侍ジャパン」クラスの主軸打者や、今後の球界を支える若手に関して、また、打者目線で見た投手の攻略法などについて解説したい。

個人的な見解だが、今の日本球界で、最もレベルの高いバッティングを見せているのが、オリックスの吉田正尚だと思う。ホームランだけでなく、打率を残せて、私が大事にする「スピード」「正確性」「再現性」の3要素を高水準で兼ね備えている。2020年は打率3割5分0厘で初の首位打者を獲得し、16年にデビューして以来の5年間で通算打率は3割2分3厘。特筆すべきは三振数の少なさで、20年は492打席で29三振。計算上は16・97打席に1回しか三振をしていないことになり、両リーグの規定打席到達選手の中で最も優《すぐ》れた割合だった。技術的に見ると、トップから踏み込んだときに、背骨から頭にかけての軸が崩《くず》れない。ステップ幅もホームランバッターにしては狭く、体を必要以上にひねることもない。それゆえに目線のブレが少なく、バットの芯《しん》で的確にボールをとらえている。

20年に吉田正尚と首位打者を争った、福岡ソフトバンクの柳田悠岐も、魅力たっぷりだ。

豪快なスイングが注目されるが、トップからの振り出しに無駄がなく、実はコンパクトなスイング。ただ大きく振り回すだけでは、あれほどコンスタントにホームランは打てない。プロ10年間の通算打率は、吉田とほぼ同じ3割2分2厘。確率良く芯でとらえる技術があるから、特大のホームランが打てる。このあたりは、野球少年たちにも知っておいてほしい。

2人に比べるとホームラン数は少ないが、卓越《たくえつ》したバットコントロールと、際どいコースを見極める選球眼を持つのが、北海道日本ハムの近藤健介《けんすけ》だ。とにかく、バットの芯を外さない。技術的に光るのが、軸足となる左足の使い方だ。高校時代の写真を見ると、ステップの際に後ろヒザが一緒についていき、内側に入り込んでいた。それが、プロで体を鍛《きた》える中で、後ろヒザが立った状態でステップできるようになった。63ページの坂本勇人のところで解説したが、「後ろヒザの内側に、第二の目がある」という感覚で、ボールを見られている。

後ろヒザが内側に入ると、軸足にパワーを溜《た》められない。それに、どうしてもベルトのラインが斜め上方向に上がり、後ろ肩が下がったスイングになりやすい。これでは、打てるコースが限られる。いざ、スイングに入るときには、後ろヒザを斜め下方向にぶつけるようにして使うこと。地面に対して平行に使うよりも、斜め下方向に押し込むほうがパワーを発揮しやすいのだ。平行に使う意識があると、前の腰が早く開く原因にもなる。

機会があれば、球場で本項の3人のフリーバッティングを見てほしい。ミートポイントの前後のズレがほとんどない。例えば、10球打つ中でバットの芯からわずかな上下のブレはあっても、思い描いたイメージよりも前（投手寄り）や後ろ（捕手寄り）にズレることは少ない。それだけ、打つべきポイントが正確で、体にしっかりと染《し》み込んでいる。

「割り切り」がうまい村上宗隆《むねたか》、振り切って芯でとらえる佐野恵太《けいた》

今、私が最も注目している若手が、東京ヤクルトのスラッガー・村上宗隆《むねたか》だ。高卒2年目の19年に2割3分1厘、36本塁打、96打点の好結果を残すと、20年には3割0分7厘、28本塁打、86打点と、打率が大幅にアップ。三振数も、184個から115個に減少させた。00年の2月生まれなので、20年シーズン中はまだ20歳。末恐ろしい選手である。私は、18年に巨人のファーム打撃コーチをしていたので、ルーキー時代の村上を二軍でよく見ていた。当時からモノが違った。スイングスピード、とらえたときのインパクトの強さがずば抜けていて、驚かされた。細かい技術うんぬんの前に、圧倒的なスケールを持っていた。

一軍でもすぐに結果を残したが、割り切りがじょうずなのも長所。普通、あれだけ三振すると、当てにいってバッティングが小さくなるが、村上はそれがない。「俺《おれ》の役割は、ホームランを打つこと」と割り切り、どれだけ三振しても、スイングに迷いがない。おそら

く、ヤクルト首脳陣からも、「つまらんバッティングをするな」と声をかけてもらっているのだろう。コーチ時代、打率が上がらずに悩んでいた巨人の岡本和真に、私もこんな話をした。

「球団がお前に期待しているのは、打率ではない。少々三振をしてもいいから、ホームランを打ってくれること、打点を稼《かせ》いでくれることを期待している。三振数は気にしなくていい」

すべての数字を上げたくなるのは、打者の本能として仕方がない。でも、オチ（落合博満）のような超一流選手ではない限り、欠点や課題がなにかある。欠点を気にして、長所を見失っては、本末転倒。長所、武器はなにか、球団はなにを評価、期待しているのか。選手自身が知ることはもちろん大事だが、コーチも、それを認識し、伝えることが必要になる。

また、打力で期待されている選手ほど、バッティングの調子が守備にも走塁にも影響しやすい。自分が打っているときは守備や走塁の調子もいいが、バッティングがダメになると、すべてがダメになる。ここでも「割り切り」、あるいは「切り替え」が求められる。

3タコ、4タコで落ち込む若手には、よく声をかけた。

「反省はあとにしろ。野球は走攻守あるんだよ。打てなくても守備で助けることができるし、走塁でチームに貢献することだってできる。打つだけが野球ではない。勝つために、自分にはなにができるかを考えなさい。試合に使ってもらえている限りはチャンスがある。終わったことを悔《く》やむのは、あとでいい。今、目の前のプレーに集中しなさい」

2年目に36本塁打、3年目も成長した村上宗隆。スイングスピードには、著者も驚かされた。

1球、1打席、1プレーにどれだけ集中できるか。村上と話したことはないが、メンタルの切り替えも、うまいのだろう。ファームにいたとき、守備の際に、マウンドに行って、年上の投手へ積極的に声をかけていたことを覚えている。いい意味での図太さを持つ選手だ。

同じ長距離砲では、横浜DeNAの佐野恵太《けいた》が覚醒《かくせい》した。プロ3年間（17〜19年）で10本塁打。20年には主砲の筒香嘉智がメジャーリーグに移籍したこともあり、アレックス・ラミレス監督（元東京ヤクルト・巨人など）によって4番に抜擢《ばってき》されると、20本塁打、3割2分8厘で、首位打者を獲得した。一見すると、フルスイングが持ち味の長距離打者に見えるが、しっかりとバットを振り切る中でも芯でとらえる技術を持っている。

なにより感心するのは、佐野のバッティングを信頼して、起用し続けたラミレス監督の眼力《がんりき》だ。20年で監督を勇退したが、ベイスターズの生え抜き・三浦大輔新監督への最高の置き土産《みやげ》と言ってもいいだろう。チャンスをモノにした佐野の実力も、見事なものである。

柔らかいハンドリングが魅力の西川龍馬《りょうま》は首位打者を狙《ねら》える器《うつわ》

まったく別のタイプで楽しみなのが、広島の西川龍馬《りょうま》だ。東出《ひがしで》輝裕《あきひろ》（元広島、現広島二軍打撃コーチ）の出身校・敦賀気比《つるがけひ》高校から社会人野球の強豪・王子に進み、21年シーズンがプロ6年目となる。19年に初めて規定打席に到達し、打率2割9分7厘。20年までのプロ通算では、1413打数421安打、2割9分8厘と、高いアベレージを残している。直接的な関わりはないが、カープの関係者から、「内田さん、若手に天才的なバッターがいるんですよ」と、入団当時から評判を耳にしていた。

西川の特徴は、ハンドリングの柔らかさだ。ボールに対する反応が良く、ワンバウンドになりそうなボール球でも芯でとらえる「当て感」を持っている。当てにいくだけではなく、インコースをクルッと回って、ライトにホームランを打つ技術も備える。19年には、16本ものホームランを放《はな》った。

何度も書いているが、腕回りの柔らかさはバッターとして成功するための重大なポイントだ。無駄な力が入っていないからこそ、様々なコースにバットを出すことができる。

力が入りすぎてしまうと、どういうことが起きるか。例えば、力こぶのできる上腕二頭筋《じょうわんにとうきん》のさらに上方に、三角筋《さんかくきん》がある。この三角筋に瞬間的にギュッと力を入れると、その瞬間に腕がビクッと上がる。ほんのわずかな距離ではあるが、実はバットを振るときも、三角筋に無意識によけいな力を入れると、腕が勝手に上がってしまうのだ。その結果として、バットは自分が想定していた軌道よりも高くなり、ボールの上《うわ》っ面《つら》を叩《たた》くことにもつながっていくのだ。

打撃練習や、2アウトランナーなしといった状況では、リラックスできるバッターでも、「最終回、2アウト満塁」「ここで打てなければ負ける」となると、よけいな力が入ることもある。

西川の場合、バッティング技術は十分にある。あとは、いかなる場面においても、自分の技術を発揮するための準備ができるかどうか。ハンドリングがいい分、ボール球にも手を出す傾向があるので、「好球必打」が徹底できれば、おのずと打率は上がっていくはずだ。

いずれ首位打者を獲《と》っても、なんらおかしくないバッターだと思っている。

安田尚憲《ひさのり》は武器を磨け、清宮幸太郎《きよみやこうたろう》は肉体強化を！ 大田泰示《たいし》はなぜ開花？

高卒3年目の20年、主に4番として113試合に出場したのが千葉ロッテの安田尚憲《ひさのり》だ。クライマックスシリーズで、福岡ソフトバンクの千賀滉大《せんがこうだい》から先制2ランを放《はな》つなど、2試合で9打数4安打4打点と、存在感を見せた。

ただ、シーズンでは打率2割2分1厘、6本塁打、54打点。4番としては、まだまだ物足りない数字である。球団側は将来への投資を兼ねて、4番の座を与えていたのだと思う。高卒3年目の若手に、そこまで過度な期待はしていなかったはずだ。

この起用が正しかったかどうかは、21年以降の安田を見てみなければ、なんとも言えない。一軍のレベルで通用したこと、通用しなかったことは、安田自身が最もわかっているはずだ。狙《ねら》っていたストレートに差し込まれる場面も多々あった。

1つ、私からメッセージを伝えるとしたら、「自分の武器はなにか。その長所を磨いてほしい」ということだ。ヤクルトの村上であれば、「ホームラン」というわかりやすい特徴がある。であれば、安田はなにが代名詞となり得るのか。ホームラン？　打点？　打率？　まだ、そこが見えてこない。誰にも負けない自分だけの武器を手に入れられたとき、千葉ロッテの4番として、まわりからも認められる存在になるはずだ。

北海道日本ハムの清宮幸太郎《きよみやこうたろう》は、村上や安田と同じ学年になる。17年オフのドラフトでは、東京ヤクルト、千葉ロッテを含む7球団が清宮を指名したのち、北海道日本ハムが交渉権を獲得。外れ1位で村上に3球団、安田にも3球団の指名が集まったが、それぞれヤクルトとロッテがクジを引き当てた。今のところ、この年代のいちばんの出世頭は、村上と言って間違いないだろう。

清宮は高卒1年目にいきなり7本塁打を放《はな》ち、大器の片鱗《へんりん》を見せたが、2年目、3年目も7本塁打止まり。打率のほうも2割、2割0分4厘、1割9分となかなか上がってこない。とらえたときの打球はすさまじいものがあるが、再現性、確実性に大きな課題がある。

ファームのときに何度か対戦しているが、腕回りの柔らかさは天性のものがある。フリーバッティングから、モノの違いを見せつけていた。ただ、1つ気になるのは入団時から体があまり変わっていないように見えることだ。もともと、ぽちゃとした体型ではあるが、もっと筋肉をつけて、体重を増やしてもいいのではないだろうか。登録上は184センチ、102キロあるようだが、正直なところ、テレビで見ていてもあまり大きく見えない。プロの体になりきれていないように感じる。

「ファームに落として、下で結果を残してから上げたほうがいい」という声もあるようだが、私は一軍で経験を積ませたほうがいいと思う。というのも、ファームにいたところで、そんなにやることがないからだ。清宮であれば、それなりに結果を残すだろう。

巨人にいたころの大田泰示《たいし》がそうだった。選手層が厚い巨人の場合は、一軍で結果が出ない若手はすぐにファームに落とされる。「打ち方が崩《くず》れているのか」と思って、技術的な面をチェックしてみても、大きく崩れているわけではない。結局のところ、一軍で活躍するには、ある程度の経験、つまりは打席数が必要になってくるのだ。1試合1打席、2打席の中で、自分の強みを発揮するのは難しい。大田が移籍先の北海道日本ハムで評価を覆《くつがえ》してレギュラーになれたのは、栗山英樹監督（元ヤクルト）が「多少結果が出なくても使い続ける」と、腹をくくったところが大きい。大田自身も1打席の結果に一喜一憂《いっきいちゆう》せず、どっしりと試合に臨《のぞ》むことができる。守備と足でチームに貢献できる力を持っていたことも、

巨人時代の大田泰示に、サンドバッグを使用した練習で、肩から腰の動きを指導する著者。

北海道日本ハムに移籍後、試合に出場し続けることによって、才能を開花させた大田。

チャンスをもらえる要因になったのだろう。

清宮の場合は、打つしかない。求められているのは長打力。それだけに、結果が出ないと、まわりから厳しい声が飛びやすいが、まだ高卒3年目が終わったばかり。巨人の岡本がブレイクしたのが、高卒4年目。その間《かん》、一軍では1本塁打、ヒットも13本しか打っていない。それが4年目の18年には、3割0分9厘、33本塁打、100打点と、飛躍した。清宮も、体の強さと再現性を手に入れることができれば、一気に結果を残す可能性を持っている。

才能を見せた藤原恭大《きょうた》、道を決めたい根尾昂《あきら》、カープ流で鍛錬《たんれん》中の小園海斗《こぞのかいと》

20年シーズンの終盤、キラリと輝く才能を見せたのが千葉ロッテの藤原恭大《きょうた》だ。根尾昂《あきら》とともに大阪桐蔭《とういん》高校で春夏連覇を達成し、鳴り物入りでプロの世界へ。まだ21年が高卒3年目という若さであるが、攻守に素晴らしいスピードを持っている。バッティングでは、思いきり良く積極的にバットを振れるところが魅力だ。

20年の10月初めあたりに、チーム内で新型コロナウイルスの感染が広がり、一軍と二軍の選手を大量に入れ替える事態となった。そこで緊急昇格したうちの1人が藤原だ。そこから2本の先頭打者ホームランを放《はな》つなど、スタメンの座を確実なものにした。「与えられ

たチャンスで結果を残す」。どこか、巨人の坂本勇人と似ているところを感じる。おそらく、球団側としては新型コロナの問題がなければ、シーズン終盤まで二軍で経験を積ませるつもりだったのではないか。

21年、各球団は藤原の弱点を徹底して突いてくるだろう。インコースに厳しい球をどんどん投げてくるはずだ。そのときにどのような対応を見せるか。1年間戦っていれば、必ず打てない時期が訪《おとず》れる。今まで迷いなくファーストストライクを振れていたのに、バットを出せなくなったりもする。こうしたこともすべてひっくるめて、自分の肌で一軍のレベルを体感することが、次の成長へつながっていく。

中日の根尾は、藤原に比べると、まだまだ一軍のレベルに追いつけていない。気になるのが、球団側がどういう育成方針を持っているかだ。ショートで育てたいのか、あるいは外野なのか。バッターとしてもどんなタイプを目指しているのか。いろいろと器用にこなせるタイプなのかもしれないが、どっちつかずになってしまう可能性もゼロではない。本人も、まだはっきりとした道が見えていないのではないだろうか。「これで勝負する！」と明確な強みが見えたときに、数字が伴《ともな》ってくるように思う。

藤原と根尾の同級生に、報徳学園高校から広島に入団した小園海斗《こぞのかいと》がいる。1年目は58試合に抜擢されたが、2年目の20年は3試合のみの出場。球団として、「すぐに一軍で起用するよりも、ファームでじっくり経験を積ませたほうがいい」という考えがあったと推測する。広島は足を使った「機動力野球」が伝統で、スピードのある選手をファームで鍛え上げる育成が得意。近い将来、一軍で1番、2番を打てる選手に育つことを期待している。

私が若手を指導するとき、常に考えたのは「球団から大切な人材を預かっている」ということ。もっとわかりやすく言えば、彼らは球団の「商品」。ドラフトの順位が違っても、1人の選手を獲得するために、多くの時間とお金をかけて、各スカウトがチェックしている。そのうえで、抽選で外れることもあれば、チーム状況を考慮して指名を見送ることもある。

今やドラフト1位になれば、1億円の契約を組む。まだなにも働いていないのだから、社運を賭《か》けた先行投資だ。こうして入団してきた選手を育てるのが、コーチの仕事。高校出身ともなれば、ある程度の時間が必要になる。全員を一流に、というのは現実的に難しいとしても、球団としては、「あのコーチに預ければ、何年か先には投資した以上のお金を生み出してくれる」と思ってもらえるような存在にならなければいけない。

だから、「あいつはダメだ」とか「使えない」なんてことは、口が裂《さ》けても言ってはいけないのだ。どんな選手にも、必ずいいところがある。151ページなどで触れた、戦力外候補の嶋重宣が、その翌年に首位打者を獲得したように、指導者が選手を信じ、選手も本気になって練習に取り組むことによって、一気に野球人生が変わり、逆転する。

「実績がない」「経験がない」というのは、一見するとマイナス要素に思えるが、逆に考えれば、1つの自信、1つのきっかけで、ググッと伸びていくこともあるのだ。どんな選手にも可能性はある。それを信じて、一緒に汗をかいてやるのがコーチの仕事になる。

菅野《すがの》智之《ともゆき》は球種、大野雄大《ゆうだい》は制球力アップ、西勇輝《ゆうき》はキレ…みな多い引き出し

ここからは視点を逆にして、バッターから見たピッチャーについて語っていきたい。すでにお話ししたとおり、どれだけ素振りのスイングが良くなろうとも、ロングティーで遠くに飛ばそうとも、実戦で対峙《たいじ》するピッチャーとのタイミングを合わせられなければ、結果を残すことはできない。ピッチャーに主導権があり、バッターは受け身の立場。この関係性は、野球のルールが変わらない限り、未来永劫《みらいえいごう》続いていく。だからこそ、バッターはピッチャーのことを知っておかなければいけない。

選手として、打撃コーチとして、数えきれないほど多くのピッチャーと対戦してきたが、「いいピッチャーとは？」と問われたら、「引き出しの多いピッチャー」と答える。どれだけの実績を持っていても、登板のたびに絶好調であることはあり得ない。コンディションの違いもあれば、マウンドや球審との相性もある。「悪いなりに試合を作れるか、アウトを

取れるか」が、一軍のトップレベルとそれ以外の違いになる。

これを突き詰めて考えていくと、複数の球種でストライクを取れるコントロールを持つことが絶対条件と言える。ストレートがいちばん得意な第一ボールだとしたら、第二ボールにスライダーやカーブ、第三ボールにチェンジアップやフォークの落ちる系を持つのが一般的。毎試合、この3球種を操《あやつ》れれば、先発で2ケタ勝つことが可能になる。調子が悪いときでも、2球種使えるメドが立てば、試合を壊さずに粘ることができるだろう。

球種が多ければ多いほど、バッターは狙いを絞《しぼ》りにくくなり、たとえ失投が来たとしても打ち損じる確率が上がる。スライダーやカーブに意識が向いていれば、真ん中付近のストレートにも差し込まれる、ということだ。これが、スライダーやカーブの制球が悪ければ、ストレートに狙いを定め、ひと振りで仕留めやすくなる。

プロ入り後の8年間（13～20年）に通算101勝49敗、防御率2・32の数字を残した菅《すが》野《の》智之《ともゆき》（巨人）は、ストレート、スライダーを軸にして、カットボール、ツーシーム、フォークなど多彩な球種を操る。全球種が平均点以上の一級品。スライダーの調子が悪い日でも、カットボールやツーシームに切り替えて、投手有利のカウントで攻められる。たまに「危ない！」と思える失投もあるが、球種の多さによって打ち損じを誘う場面を何度も目にした。

菅野のように引き出しが多いタイプは、「どの球種でも投げられますよ」という精神的なゆとりがあるので、ボール球を使うのがうまい。初球にストライクを取れれば、2球目は「ボール球を振ってくれれば、儲《もう》けもの」という感じで、ボールになるスライダーやツーシームなどで打ち気を誘う。打者は追い込まれると不利なのがわかっているので、ついつい手を出す。

一方でコントロールに不安があるピッチャーは、できるだけ早く追い込みたいため、ストライクを続ける傾向にある。ストライク先行は大事ではあるが、ストライクを揃《そろ》えすぎてしまうと、バッターに対応されやすくなるものだ。

20年に11勝6敗（6つの完封を含む10完投）、防御率1・82と、圧巻《あっかん》のピッチングを見せたのが、中日の大野雄大《ゆうだい》だ。菅野との争いを制して、自身初の沢村賞に輝いた。

もともと球の力には定評があったが、制球が格段に安定した。とくにフォーク系の落ちる球の精度が素晴らしく、ストライクを取る球、ボールにして振らせる球を投げ分けていた。打席で変化球に意識を持ちすぎると、内角にズドンと来るストレートで差し込まれる。

バッターからすると、「追い込まれてから、落ちる球がある」と思うだけで、仕掛けを早くせざるを得ないものだ。8月から9月にかけて6試合連続完投をしたときには、9イニングを投げながらも、128球、118球、117球、112球、116球、115球と理想的な球数。プロ入り当初のように力で三振を奪いにいくのではなく、要所でギアチェンジをしながら、押し引きができていた証《あかし》と言える。

阪神の西勇輝《ゆうき》も、キレとコントロールで勝負するタイプだ。シュート、スライダーの横の揺さぶりを軸にして、バッターに的を絞らせない。面白いもので、球審も「コントロールがいい」というイメージがあると、際どいコースでもストライクになりやすいように思う。一方で、逆球が多いピッチャーは、ストライクゾーンに入っているように見えても、球審の手が上がりにくい。ロボットがジャッジしているわけではないので、「印象」も大事。球審を味方につけることも、勝てるピッチャーの力と言えるだろう。

好投手攻略は狙い球を絞ること！ときには小技で揺《ゆ》さぶることも大事

では、菅野や大野のような好投手をいかにして攻略し、打ち崩すか。間違いなく言えることは、「すべての球を追いかけると、打てる確率は低くなる」ということだ。外角か内角か、高めか低めか、ストレートか変化球か、できる限り、狙いを絞りたい。現役時代の元木大介ではないが、狙いが外れた場合は割り切って、潔《いさぎよ》くベンチに戻ってくるのも、1つの手。難しいコースまで追うと、たまに来る失投を打ち損じかねない。

もし、インコースを狙うのなら、キヨ（清原和博）に対しては「バットを短く持ったらどうだ？」と助言したが、そのほかに軸足（捕手側の足）の角度を変える方法もある。一般的な構えがスクエア（平行）だとしたら、軸足のつま先を少しだけ内側に入れ込むのだ。つま先を入れることで腰が回りやすい体勢が作られ、インコースに鋭く反応できる。観察眼の鋭いキャッチャーになればこういうところまで抜け目なく見ているが、ピッチャーが足を上げたときにスッと軸足の角度を変えれば、さすがに相手も対応できないだろう。

逆につま先を外側に開けば、真ん中から外の球にスイングしやすくなり、右バッターであれば右中間方向に飛ぶようになる。腰の回転範囲を制限できるのだ。入団当初の岡本和真は、軸足をやや開き気味に構えていたため、逆方向に鋭い打球が飛んだ。

また、好投手になればなるほど、打倒するには、チーム一丸となっての攻略が求められる。例えば、1巡目は「ストライクゾーンを上げて、ベルトから上だけ狙おう」と、徹底する。「低めを振るなよ」と言うよりも、振るべきゾーンを明確にしたほうが、バットが出やすい。低めの変化球を見極められれば、バッテリーも「おかしいな？ 今日はキレがないのかな？」と、自分たちのピッチングを疑い始める。そこで、ゾーンが上がってきたら、しめたものだ。

1巡目が終わったところ、あるいは5回の攻撃が終了したところで、相手に見えるようにしてベンチ前で円陣を組むのも1つの策だ。正直に言えば、たいしたことは言っていないのだが、「狙い球を変えてくるのかな？」と思わせるだけでも効果はある。一種のパフォーマンスだ。それでも、じっと待っているだけでは攻略の糸口がつかめないのであれば、意識的に動いたほうがいい。持っている手札は積極的に切っていくべきだ。

「高校野球スタイル」で、セーフティーバントや大きなリードで揺さぶるのも効果ありだ。セーフティーバントが決まれば儲けものだが、ファウルになっても構わない。ピッチャーを動かすことによって、リズムが崩れることもあるのだ。

バットを短く持って、センターから逆方向を狙うことも有効だ。長く持って引っ張りにかかるよりは、ボールを長く見ることができるため、ファウルで球数を稼《かせ》げる。一流投手にテンポ良く投げられてしまえば、「もう手も足も出ません」という状況になりかねない。

とはいえ、これは公式戦でいきなりやっても、チーム全体には浸透していかない。キャンプのときからミーティングで監督の考えを伝え、練習で実践《じっせん》しておくことによって、チームが同じ方向に向きやすくなるのだ。このあたりは、野村克也さんが非常にうまかった印象がある。

極端な策をとるとき、ベンチとして気をつけることは、「打てなくてもベンチの責任」と明確に伝えておくことだ。「この打席は、査定には入れないように言っておくから」と話すこともある。1打席1打席が年俸《ねんぽう》に関わってくるため、選手の気持ちとしては、「ベンチの指示で打てなかった場合、どうしてくれるの?」という思いが心の奥底にある。そのモヤモヤした気持ちを軽減させるには、責任の所在を明らかにするしかない。

配球の分析は、スコアラーのデータをもとに進めていく。バッターとしていちばん欲し

菅野智之のような好投手には、チーム全体で意識を統一して立ち向かわなければ、崩《くず》せない。

いデータは、「どのカウントで、なんの球種が多いか」ということだ。ただし、全打者に対する攻めを分析したところで、なんの役にも立たない。巨人で言えば、岡本和真のときと、吉川尚輝では攻め方が違うわけだ。岡本であれば、阪神の大山悠輔《ゆうすけ》への攻め方を参考にしてみる。「右の長距離砲」とタイプ分けをすることで、データを蓄積、精査できる。

ピッチャーのクセについても、いちおうは確認する。グラブをセットする位置が、ストレートとカーブで微妙に違うなんてことも、実際にある話だ。だが、私の場合は、ピッチャーのクセをバッター陣に伝えることはほとんどなかった。「グラブが高ければカーブだから、狙っていけ」と言っても、その試合で修正されていることもあるのだ。クセは絶対ではない。こうなると、「内田さん、言っていることが違うじゃないですか」と、打てなかった責任を第三者に持ってこようとする。これでは、自分の結果と向き合えなくなるので、「クセは、自分たちで判断するように」というスタンスをとっていた。

佐々木主浩《かづひろ》のフォーク攻略の秘策は⁉ 吉見一起《かずき》にはコース・高さを絞る

過去の名投手の顔を思い浮かべてみると、いちばん厄介《やっかい》だったのが、佐々木主浩《かづひろ》（元横浜ベイスターズ、シアトル・マリナーズ）のフォークボールだ。菅野や大野のように、決して引き出しの多いタイプではない。ストレートとフォークの二択で、ほかの球種はほとんど投げない。それでも、メジャーリーグにおいても威力を発揮したフォークの落差が常識を超えていて、どうやって対策をしたらいいかわからないレベルだった。

「フォークの打ち方」なんて、この世にないわけだ。「ストレートだけ狙っていけ」と言っても、ワンバウンドになるフォークに手が出てしまう。プロの一流打者でもバットを振るのだから、あのフォークがどれだけの切れ味だったか、読者のみなさんにも伝わるだろう。

長嶋茂雄監督は、「フォークが来たら、目をつむれ！」と、よく言っていた。目をつむってしまえば、ボールを追いかけずにバットが止まる、という理屈だ。ボールを目で追ってしまうから、バットが出る。なんとも長嶋監督らしい発想ではないだろうか。

実際に攻略できたかと問われると、首をひねるしかないのだが、あのレベルになれば、シンプルに考えるしかない。「失投をいかにとらえるか」。フォークがすごいと言っても、フォークを永遠に続けるわけではない。打者3人に対して、どこかで必ずストレートを使う。四隅《よすみ》を突くタイプではないので、甘めのストレートもある。これをファウルにしかできなければ、バッターの負け。いかに、ひと振りで仕留めていくか。「フォークが来たら、ごめんなさい」と思える割り切りも必要になる。

当時を振り返ってみると、広島の選手で佐々木と相性が良かったのが、バイプレーヤーの高信二《こうしんじ》（現広島二軍監督）だった。実際の数字はわからないが、私の感覚的には主力選手よりも打っていたイメージがある。高はボールを手元まで引きつけて、センターから逆方向に打つのを得意にするタイプだ。佐々木のようなピッチャーに対して、「強く引っ張ってやろう」と思うと、どうしても目切りが早くなり、フォークを当てることもできなくなる。バッティングの基本となる「センター返し」をどこまで意識できるかが、攻略のポイントになる。結局、レベルが上がれば上がるほど、基本に立ち返るしかないのだ。

抜群のコントロールで「手も足も出ない」というピッチングを何度もされたのが、20年シーズンいっぱいで引退した中日の吉見一起《かずき》だ。ストレートと変化球のコンビネーションが素晴らしく、両コーナーを丁寧《ていねい》に突くコントロールも一流で、なかなかとらえきることができなかった。とにかく、失投が少なく、打ってもゴロのヤマ。8回まで投げれば、その後ろには岩瀬仁紀《ひとき》が控えていて、当時の監督だったオチ（落合博満）が理想とする守りの野球に対し、幾度《いくど》となく接戦を落とした。

吉見のようなコントロールタイプは、球種で張るのではなく、コースや高さで狙っていくほうが絞《しぼ》りやすい。ストライクゾーンの横幅に内から1～6まで番号を振るとしたら、3から6（真ん中からアウトコース）だけに目付けをする。インコースは完全に捨ててしまって構わない。コントロールがいい分、アウトコースの投げミスは少ないので、的を絞りやすいピッチャーでもあるのだ。

あとは、ベルトよりも上に目付けをすること。吉見の全盛期は、ヒザの高さを打ってもゴロにしかならなかった。せっかくのチャンスの場面でも、ゴロを打たされてゲッツーになる。とくに意識させたのが、ランナー三塁で外野フライが求められる場面だ。少々のボール球であってもいいので、高めに意識を置いておく。高めはフライになりやすいので、ここを簡単に見逃しているようでは、勝負にならないのだ。

ピッチャーはバスター打法で打率アップ！ セ・リーグは投手の打撃も重要

本章の最後に、ピッチャーのバッティングについても触れておきたい。私はセ・リーグの広島、巨人で打撃コーチをしていたので、プロの指導者としてDH制をあまり経験したことがない。8番、あるいは9番に入るピッチャーが2割近い打率を残してくれたら、どれだけありがたいことか。「内田さん、バッティング教えてください！」と寄ってくるピッチャーには、野手陣同様に、打撃の極意を伝えていた。巨人の菅野は、「ホームラン、打ちたいです！」と言ってきたこともあった。

とはいっても、日ごろ、バッティング練習をする時間はほとんどない。バットを振る時間よりも、バント練習のほうが多いのではないか。すなわち、当たり前のことではあるが、野手に比べると、振る力が備わっていない。さらに、打席でピッチャーの球を見慣れていないので、恐怖心が生まれ、どうしても体が開きやすくなる。

そんな彼らに勧《すす》めていたのが、バスターバッティングだ。バントの構えから、トップの位置にバットを戻して、スイングを仕掛ける。利点は、スイングの通り道がわかることと、トップに無駄なく入れることだ。バットを戻した軌道に、そのままスイングを入れていけば、レベルスイングで振り抜くことができる。本能的にコンパクトなスイングになりやすく、ボールに対して素直にヘッドをぶつけていけるのだ。

カープで二軍監督をしているとき、福岡ソフトバンクやオリックスが主催のウエスタン・リーグの試合では、DH制が採用されていた。二軍の場合は、セ・リーグとパ・リーグが混在しているので、主催球団がセかパかによって、DH制の有無が変わってくるのだ。

私はたとえパ・リーグ主催であっても、DH制を使わずに、ピッチャーを打席に立たせるようにしていた。一軍で活躍するために二軍があると考えれば、実戦でバントを決めることも、バスターで打ちにいくことも必要になる。二軍で準備をしておかなければ、一軍でいきなり打席に立っても、できることは限られてしまうだろう。

一軍を見ると、広島も巨人もバッティングが好きなピッチャーが多かった印象があるが、個人的には東京ヤクルトの投手陣が振れていたように思う。石川雅規《まさのり》や小川泰弘《やすひろ》あたりだ。神宮の室内練習場で気分転換も兼ねて、打撃練習をしていたと聞く。いつもピッチングのことばかり考えているので、バットを振るのが楽しい投手も多いのではないだろうか。

今もやっているかはわからないが、広島、巨人を指導していたときには、ホーム球場での3連戦の最初に、投手陣だけのフリーバッティングを行っていた。野手陣が打つ前に10分ほどの時間をもらう。高校時代はクリーンアップを打っていた選手も多いので、ときにはホームラン競争をするなど、野手陣とはまた違う雰囲気で打ち込んでいた。

マウンドにいるピッチャーの立場からすると、相手のピッチャーに対しては投げにくいものだと思う。「当ててはいけない」と思えば、必然的にインコースは攻めにくくなる。若いカウントから、ストライクからボールになるフォークを投げることも少ない。そうなると、アウトコース中心の配球にならざるを得ないわけだ。バスター打法で、とにかくバットの芯に当てることだけを考えておけば、ヒットを打つチャンスは生まれてくる。

打撃コーチとして、「無条件降伏」だけは絶対に避けたい。ある程度、得点差が開いていたり、2アウトランナーなしの状況であったりすればいいが、そうでなければバットを持っている限りは、ピッチャーも1人のバッターだ。アウトになるにしても、球数を稼ぐなどして、なんとか食らいついていってもらいたい。

特別対談

後編

内田順三×清原和博

次世代の選手たち&今後の球界へ向けて

次男の指導に関わって気づいたこと

清原 「自分の言葉よりも、iPhone《アイフォン》が答えを教えてくれる」

×

「コーチはアイディアマンでなければいけない」 内田

内田　最後に、キヨの息子の話などをしようか。元気にやっている？　いいスイングになってきたね。

清原　はい、いつもありがとうございます。

内田　読者のみなさんに少し説明すると、キヨの次男が中学3年生（2021年4月から高校生）で野球をやっていて、キヨに似た男前で、なかなかのいいバッターなんだよね。

清原　少し前から、ときどき内田さんにバッティングを見ていただくようになりました。

内田　キヨも、教える側に立ってみると、今までとはまた違うバッティングの奥深さに気づいたんじゃないかな。

清原　本当にそうですね、難しいです。いちばん難しいのは、感覚で教えることができないことです。感覚で教えられるのは、長嶋茂雄さんだけですね。とくに、今の子どもたちはきちんと理解をさせたうえで教えてあげないと、納得しないように感じます。

内田　感覚は人それぞれ違うから、伝えきるのが難しいね。

清原　そこで、活用しているのがスマホです。動画をたくさん撮影して、本人に客観的な動きを見せるようにしています。自分がやろうとしていることと、実際の動きにどれだけのズレがあるのか。僕の現役時代を振り返ってみると、「ちゃんと言われたようにやっているわ！」と思っていても、あとでテレビの映像を見ると、バットが下から出ているなど、なんらかのズレがありました。当時は映像をその場で確認できなかったんですけど、今はすぐに見ることができる。これは大きいと思います。僕のアドバイスよりも、ｉＰｈｏｎｅ《アイフォン》が答えを教えてくれる時代になっています（笑）。

内田　スマホに映像を残しておけば、自分自身で何度も確認できる。そういう意味では、便利な時代になったと思うね。俺《おれ》のもとにも、かつての教え子から、「内田さん、バッティングフォームを見ていただけますか？」と、ＬＩＮＥ《ライン》で動画が送られてくることが多い。

清原　本当、便利ですね。あとは、内田さんを見習って、上からの押しつけで教えることだけはしないようにしています。「ああやれ、こうやれ」ではなくて、例えば、いつもよりグリップが上がっていたとしたら、「どんな意図でやっているの？」と、まずは聞く。本人なりに、なにか狙《ねら》いがあるのかもしれないし、無意識のうちに打ち方が変わっているのかもしれない。そこは本人の考えを聞くようにしています。僕も頭ごなしに指導されるのは嫌《いや》だったので（笑）。

内田　いいコーチングしているじゃないの？（笑）。

清原　内田さんのおかげです。指導者として、どれだけの引き出しを持っているかどうか。内田さんには本当に様々な練習法を教えていただきましたし、引退した今でも勉強になることがたくさんあります。息子に対しては、バットのヘッドの先にゴムチューブを巻いてのスイング。体の内側からバットを出して、チューブの先がナイキのマークを描くような軌道で振っていく、という練習。あのチューブがあることで、バット軌道をイメージしやすいですね。

内田　チューブじゃなくて、ゴムやヒモでもいいし、新体操のようなリボンでもいい。「上から叩《たた》け」と教わる子どもが多いのが悩みで、上から叩こうとすると、振ったあとにリボンが自分の体にまとわりついてくるでしょ？　そうじゃなくて、先端のリボンがピッチャー方向にヒュッと伸びていくように振りたい。そのために、体をどう使っていくか。子どもに細かいことを言ってもわからないから、なにか目印となるものを付けることで、遊び心も持ちながらバットを振れるかなと思ってね。

清原　あとは、ネットの近くに立ってのスタンドティーですね。体の内側からバットを振らないと、バットのヘッドがネットに当たってしまう。息子がやっているのを見て、「俺も、プロに入ったころにやっていたな」と懐《なつ》かしくなりました。でも当時は、どんな意味かわからなくて、全然面白くなかったんですよ（笑）。内田さんが息子に教えているのを見て、やっと意味がわかりました。現役時代に、理解しておきたかったです。

内田　この練習でとくに良くなったのが、カープの鈴木誠也だね。入団した当初は、金属バットで打っていたときのクセが抜けなくて、遠回りのスイングだったけど、それが徐々に体の内側からバットを出せるようになってきた。ポイントとしては、スタンドティーを高めに設定すること。低めに置くと、ヘッドが下がりやすくなるから、まずは高めから始めたほうがやりやすい。自分自身の体を近づければ、インコース打ちの練習にもなる。前の肩を止めた状態で、前のヒジを体の外側に抜いて、バットの芯《しん》をボールに近づけることができるか。かなりの高等技術だけど、誠也や巨人の坂本勇人はこのあたりの技術がうまいね。

ジュニア世代の選手や指導者たちに思うこと

内田「小さいころから、フルスイングを習慣づけてほしい」
×
「野球を楽しむことを大事にしてほしいと思っています」**清原**

清原　子どもの野球を見るようになって感じることがあるんです。それは、結果を恐れずにもっと思いきりスイングしてほしい、ということですね。大人がそうさせているのでしょうが、空振りよりもボールに当てることを重視している。びっくりするのが、2ボールや3ボール1ストライクなどのバッティングカウントで、「待て」のサインが出ることです。子どもの野球に「待て」が必要ですか？　送りバントも多いんですよね。試合に勝つことだけが目的になっていて……。子どもにはまだ早いんじゃないかな、と。「勝利至上主義」になりすぎず、将来を見据《みす》えた指導をしてほしいと思います。これは声を大にして言いたいですね。

内田　小さいころから当てるバッティングをしていると、それがクセになるからね。

清原　そうなんですよ。

内田　まずは、しっかりとフルスイングすることを習慣づけてほしいね。1つポイントを言えば、肩の入れ替え。右バッターであれば、構えのときに左肩の上に乗っていたアゴが、バットを振ったあとには右肩の上に乗っているようにすること。顔が残っていないと、この体勢は作れないからね。それを意識して、バットを強く振ること。

清原　三振したって、思いきり振った中での三振なら、全然、構わないと思います。

内田　キヨも三振は多かったけど、フルスイングしていたからね（プロ野球最多の1955三振の記録保持者。2位は、元横浜・中日、元中日監督の谷繁元信《たにしげもとのぶ》の1838）。

清原　「ちょこん」と当てにいってても仕方ないんですよね。僕が子どものころから常に考え

少年野球世代こそ「小柄な選手でも、強いスイングをすべき」という意見は、両者一致した。

ていたのは、ピッチャーの速いストレートをフルスイングで打ち返せるかどうか。現役時代、僕は配球を読んだり、ヤマを張ったりするタイプではなかったので、相手の速いストレートにタイミングを合わせていました。ストレートを打てないと、バッターとしてはやっぱり悔《くや》しいですしね。

内田　それが基本だよね。ストレートを待つ中で、変化球に合わせていく。いちばん速いストレートに対応できれば、変化球はそれよりも遅いわけだから、なんとかなる。これが、ストレートに差し込まれるバッターだと、どうしても「前で打たなければいけない」となって、変化球でより崩《くず》されることになる。ベテランになってくると、このストレートに間に合わなくなってくるのが辛《つら》いところだね。目が衰《おとろ》えて、体の反応も遅れてくる。

清原　プロに入れば、勝利を求めてやるのは当然のことですけど、中学生ぐらいまでは野球を楽しむことを大事にしてほしいと思っています。内田さんに教わって、「そうか、なるほどな」と思ったのが、「プレイボールってどういう意味か、わかるか？　プレイ＝楽しむ。野球は楽しむものなんだよ」と言われたことです。息子にも、野球を楽しんでほしい。内田さんのコーチングを参考にしながら、飽きさせないようなメニューを組む。いいバッティングをしたら、思いきり褒《ほ》めています。

内田　褒めて盛り上げることも、大事なんだよな。カープ時代に、外国人の調査をするために、アメリカを2か月ぐらい回っていたことがあるんだけど、休みの日に少年野球を覗《のぞ》きに行ったら、4面ある野球場で試合をしていた。ミッキーマウスのヘルメットをかぶった子どもたちが、親に声援を受けながら、楽しそうにプレーしている。びっくりしたのが、ストライクが入らなくなったピッチャーに代わって、守備チームのコーチがマウンドに上がり、緩《ゆる》いボールを投げ始めたこと。ストライクを入れてあげて、バッターにわざと打たせる。日本の場合は、それこそ「待て」のサインを出して、フォアボールを喜んでしまうんだけど、それでは楽しくないんじゃないかな……。

清原　アメリカらしい取り組みですね。日本もそうなってほしいです。

内田　年齢が低い子どもたちにこそ、楽しくプレーをさせてあげたいね。バッターが打てば、守ることも、走ることも生まれるでしょう。俺が見ていたときには、サードゴロでアウトを1つ取って、守備側が大喜びしていた。コーチがピッチャーをやっていると、日本の場合は「ルール違反だろう」なんてことになりそうだけど、野球を楽しめるのはどっちかと言えば、アメリカのほうじゃないかな。

清原　そういった周囲の取り組み方で言えば、近年、指導者の体罰が問題になっていますけど、体罰と同じように、言葉の暴力もなかなかひどいと感じるんですよね。少年野球の現場で、激しく怒られることによって子どもが委縮《いしゅく》してしまう場面を、何度も目にしてきました。言葉でどんどん追い詰《つ》めていくんです。それなら、ほっぺたをパチンと叩《たた》いて、「頑張《がんば》ってこい！」と送り出してあげたほうがいいんじゃないかなと思うこともあります。でも、このパチンも、今は絶対にNGなわけで……。そう考えると、子どもたちにはどんな指導がいいのか、難しい問題ですね。

これからのプロ野球界に寄せて

清原「誕生日が同じ鈴木誠也に、三冠王を狙《ねら》ってほしい」

×

内田「キヨたちが繰り広げたような、投手と打者の真っ向勝負も醍醐味《だいごみ》」

内田　今のプロ野球界には、楽しみな若手のバッターが増えてきているけど、キヨの目にはどんなふうに映っている？　気になるバッターはいるかな？

清原　右打者で言えば、鈴木誠也ですね。実は誕生日が8月18日で、一緒なんですよ（清原和博＝1967年生まれ、鈴木誠也＝1994年生まれ）。

内田　へぇ、それは知らなかった。

清原　誠也は、喜怒哀楽《きどあいらく》が表に出るのがいいですよね。今の選手にしては珍しい。打てないときには、悔しそうな表情を見せるし、ときにはまったくやる気がなさそうな打席もある。「あぁ、俺に似ているな」と思います（笑）。人間なんで、気持ちが乗らない打席もあるんですよね、やっぱり。でも、チャンスになるほど燃えてきます。高校時代の話ですけど、僕は練習試合では7本ぐらいしかホームランを打っていないんですよ（公式戦は、春夏甲子園だけで13本塁打）。公式戦と気持ちの乗り方が違いました。

内田　誠也のことは、性格面も知っているけど、とにかく負けん気が強い。体も丈夫《じょうぶ》で、よく練習をする選手だからね。入ってきたときには、中距離ヒッターかなと思ったけど、インサイドアウトのスイングを覚えてから、打球が飛ぶようになってきた。足もあるし、肩も強い。バランスのいい選手だね。

清原　引っ張るだけでなく、逆方向にもホームランを打てますよね。鈴木誠也はまだまだ若いので、三冠王を狙ってほしいです。

内田　キヨにそれだけの期待をかけてもらっていたら、誠也も喜ぶでしょう。

清原　左打者なら、柳田悠岐ですね。彼が背番号44をつけていた時代から（現在の背番号は9）、注目していました。まずもって、あれだけフルスイングできるのがすごい。最近は、確実性もついてきて、パワーだけでなくテクニックも備わってきていますよね。やっぱり、バットを振れるというのは、なによりの武器だと思います。

内田　プロになってから急に振れるようになったんじゃなく、アマチュアのときから振る習慣がついていたんだろうね。ファーストストライクの甘い球を、ガンガン振りにいくから。そういえば、今やメジャーリーガーとなった大谷翔平はどう思う？

清原　僕より大きくて、身長が2メートル近くあるでしょ？　あの高さのトップから振り出すスイングはすごいですね。

内田　無駄な動きもないし、日本にいたときは足を上げて打っていたのに、向こうに行ったらノーステップにするような対応力もある。それでもしっかりパワーを出せるというのはすごいよな。

清原　ひょっとしたら、柳田より飛ばすんじゃないですか？　二刀流でもあることも含めて、大谷に憧《あこが》れている子どもたちも多いと思います。それだけに、何度も言いますが、小学生や中学生のときに、勝つために「待て」のサインを出すことをやめてほしいんですよね。送りバントもそうです。打てるボールが来たら、フルスイングする。2ボールから甘いストライクを見逃すのも、もったいないじゃないですか。振っていくことによって、ピッチャーも怖《こわ》さを感じるようになるはずです。

内田　カープの二軍監督をしているときは、「ファーストストライクのストレートは、必ず振りにいけ！」と、強制的にやらせていたこともある。ポップフライでも、空振りでも構わない。ファーストストライクを打ちにいこうとすれば、ベンチにいるときやネクストサークルの段階から、ピッチャーとのタイミングを合わせるようになる。そういう準備がなければ、ファーストストライクからフルスイングはできない。とくに、フォアボール後の初球は、ピッチャーからするとストライクを取りたいところ。こういう場面で簡単に見逃してしまうようなバッターは、なかなか結果が出てこないね。

清原 タイミングが合っていないと、強くは振れないですからね。

内田 見逃し三振でベンチに帰ってきたバッターに、「次、次！」と声をかける若いコーチに対して、「振らないで終わっているのに、なにが次だ！」と怒鳴《どな》ったこともあった。バットを振れば、自分の力が足りないことも、タイミングがとれていないこともわかる。振らないと、なにもわからないんだよね。

清原 本当、そう思います。

内田 ピッチャーはどう？　もう1回、あいつと戦ってみたいとかある？

清原 やっぱり、藤川球児《きゅうじ》（元阪神、シカゴ・カブスなど）とやりたいですね。2020年で引退になってしまったけど、あのストレートにもう一度挑《いど》みたい。ストレートを狙っているのに、ボールの下をバットが通過したのは、球児が初めてです。何回振っても、バットに当たらない。球児のストレートは本当にすごいですよ。

内田 フルスイング対ストレート。両方が「男気《おとこぎ》」を出して、勝負していた。普通、高めのストレートは失投になるけど、藤川は高めが武器で伸びてくる。狙うとしたら、低めのストレート。と、ミーティングでは話していたんだけど、1打席の中で実践《じっせん》するのは、なかなか難しい。

清原　伊良部秀輝《いらぶひでき》（元ロッテ、ニューヨーク・ヤンキース、阪神など）の158キロも、マーク・クルーン（元横浜、巨人など）の161キロも、僕の打席で出しているんですよ。「真《ま》っ直《す》ぐ投げてこい！」と挑発《ちょうはつ》していたところもあるんですけど、ストレートで勝負してくれるのはうれしかったですね。

内田　相手がキヨだから、力が入ったんだろうね。

清原　あとは、大魔神（佐々木主浩）のフォークを、片ヒザをついてホームラン打ちたいですね。落ちてくるところを狙って。水島新司さんが描く『ドカベン』の山田太郎の世界です！（笑）。

内田　チームの勝利も大事だけど、キヨたちが繰り広げてきたようなピッチャーとバッターの真っ向勝負も、プロ野球の醍醐《だいご》味《み》だからね。

清原　そういう対決を、ファンも望んでいるんじゃないですかね。

内田　俺もそう思うよ。いやぁ、こうしてキヨとまたバッティング談義ができたことがうれしいね。今日は本当にありがとう。

清原　こちらこそ、ありがとうございました。こうやって話をさせていただいて、いろいろと当時の感情が蘇《よみがえ》ってきましたけど、やっぱり僕にとって内田さんはいちばんのコーチ

バッテリー間の18.44メートル越しに、幾多《いくた》の名勝負を繰り広げてきた藤川球児と清原和博。

だったと、改めて思いました。なにより心強かったのは、試合の結果の良し悪《あ》しで接し方や指導法が変わらなかったことですね。だから、僕も安心して頼ることができたんだと思います。そして、自分の忘れかけていた長所を、しっかりと思い出させてくれるような指導をしていただいたのも内田さんでしたから。

内田　そう思ってくれていたんだったら、長いあいだコーチをやってきた意味もあったかな。また、息子のバッティングを見に行くから、成長を楽しみにしているよ。しっかりと目標を持って練習をしていけば、キヨのようないいバッターになれるはずだから。

清原　これからも、息子のことも含めてお世話になりますが、よろしくお願いします。

第5章

まだある「内田流」打撃メソッド

～私の学びの原点、人を伸ばす理念～

同じ年齢・同じ左・同じ外野手の同僚・若松勉《つとむ》が一流、私が二流になった分かれ道

最後の本章では、私がアマチュアやプロでの現役時代に経験した、指導者への原点になった話、そして、ここまで触れていなかった、そのほかの打撃メソッドにも触れてみたい。

自分で言うのもなんだが、私は静岡では名の知れた中学生だった。軟式球を80メートル以上飛ばし、校舎のガラスをよく割っていた。左打者の私が打席に入ると、相手チームは「王シフト」のように右方向に守備位置を変えるため、レフトの位置に誰もいなくなった。

甲子園出場こそないものの、野球に力を入れ始めていた東海大学第一高校（現・東海大学付属静岡翔洋《しょうよう》高校）から声がかかり、入学を決めた。

部員は約100人。私は自宅がある東部の三島市から、学校がある中部の清水市（現・静岡市清水区）まで、汽車とバスを乗り継ぎ、片道1時間半の道のりを通った。

映画好きの私は、外国人俳優のような上半身が逆三角形の体格に憧《あこが》れた。そこで、鉄の棒にセメントをつけたバーベルを作り、自宅でウエイトトレーニングに励《はげ》んだ。野球のためというより、夏にタンクトップが似合うムキムキの体にしたかったからだ。

3年生が抜けた夏の静岡大会後、鍛《きた》えた体を生かすときが来た。1年生が打撃練習をす

る機会が与えられたのだ。

私は、フリー打撃でサク越えを連発。1年秋（1963年）から、4番に座ることになった。ある試合でのこと。4番の私は、無死満塁でノースリー（当時のカウント表記）から走者一掃の二塁打を打った。意気揚々《いきようよう》とベンチに戻ってくると、監督に「もう少し考えろ」と、張り倒された。高校野球でノースリーから打つなど言語道断《ごんごどうだん》の時代だった。

3年夏（65年）、その年のセンバツ（選抜大会）に出場した静岡高校と、県大会決勝で激突。同点で迎えた九回裏、一死満塁の好機で、4番の私に打順が回ってきた。

これまでの高校生活で、私はバントをしたことがなかった。それでもサインは、「スクイズ」。私は震える手でバントを転《ころ》がし、サヨナラ勝ちで初出場を決めた。

憧れの甲子園では、初戦は突破したものの、2回戦で原貢監督（巨人・原辰徳監督の父）の指揮のもと、その大会で初優勝することになる三池《みいけ》工業高校（福岡県）に1－11の大敗。初めて、全国のレベルを思い知ることになった。

駒澤大学を経て、69年オフのドラフトで、ヤクルトから8位で指名された。駒大でともにクリーンアップを張った大矢明彦《おおやあきひこ》（元横浜監督）は7位。一緒にヤクルトへ入団した。

私が2年目（71年）を迎えると、同じ年齢の若松勉《つとむ》（元ヤクルト監督）が電電北海道（現・NTT北海道）から、ヤクルトに入団。同じ外野手で同じ左打者のライバル出現に、私は燃えた。この年、私は102試合に出場し、打率3割0分7厘。以降、オープン戦で首位打者になったこともあったが、足首の骨折などもあり、レギュラーに定着できなかった。

のちに「小さな大打者」と言われる若松（85年に2000安打達成、通算2173安打）にも、打撃面では負けない自信を持っていた。今思うと、私は「なぜ打てないのか」「どうして打てるようになったのか」と問い続ける感性が弱かった。のちにコーチになって気づいたことだが、いい打者ほど「なぜ？」「どうして？」という感性が強い。若松は打てないときだけでなく、打ったときもこれを追求していた。すなわち、「バックする」という思考法を持っていたのだ。コーチになってから、「なぜ打てたか、なぜ打てなかったかを考えなさい」と選手に言い続けていたのは、若松の影響も大きい。同じ練習メニューをこなしても、感性が違うと、結果も変わってくる。これこそが、一流と二流の分かれ道なのである。

「超二流になれ」…三原脩《おさむ》監督に「今日は全打席、バントだ」と指示された

私がヤクルト2年目を迎えた1971年から指揮を執《と》った「名将」三原脩《おさむ》監督（元巨人。巨人・西鉄監督なども歴任）は、「超二流選手になりなさい」と、私に言った。要するに、こういうことだ。

「『超一流』は王（貞治）、長嶋（茂雄）だ。クリーンアップを打つ選手が一流。お前だったら、超二流になれる。ここ一番は、超一流と同じ仕事をするんだ」

三原さんが大洋の監督時代の1960年、近藤昭仁《あきひと》さん（元横浜・千葉ロッテ監督）が日本シリーズでMVPを獲得する活躍を見せたことを例に挙げ、「これが超二流だ」と話していた。昭《あき》さんの現役通算打率は、2割5分を切っている（2割4分3厘）。打率だけなら、「二流」選手と言っていいかもしれない。それでも、ここ一番では、「一流」の仕事をした。

私にも、そういう役割が求められた。さらに三原監督は、こうも言った。

「俺《おれ》がいいと思ったから、お前になにかあると思って使っている。だから、打てなくても、次の日まで引きずるな。今を頑張《がんば》れ。いくら俺にゴマをすっても、いいと思わなかったら、使わない。プロなら、己《おのれ》の技術を磨くことに集中しろ」

これは、のちに指導者になってから、指針としたことでもある。

私はヤクルトでの現役時代、不振にあえぐ同い年の荒川尭《たかし》に、助言を求められた。

「力《りき》みすぎて、ステップが大きくなっているように見えるぞ」と素直に感想を言ったところ、荒川は打ち始め、新聞に「内田のアドバイスで復活」と載《の》った。すると、三原監督は私のベルトをグッとつかみ、強い口調でこう言うのだ。

「おい、荒川にいいアドバイスをしたみたいだな。まあ、それはいい。しかしなあ、プロというのは、投手、打撃、守備、それぞれに、プロのコーチを呼んでいる。俺の信頼しているコーチがいるんだ。わかったか」

選手は自分のことに集中しろということだった。

ところで、有名な「三原マジック」とはなにか。

巨人戦の同点の場面で、二死満塁の好機が訪《おとず》れた。相手投手は左のエース・高橋一三《かずみ》さん（のちに、日本ハムにも在籍）。三原監督はバットを短く持つ粘り強いタイプの大塚徹《とおる》さん（のちに、南海にも在籍）を呼んで、こう耳打ちした。

「カウントをツースリーまで持っていけ。そうしたらタイムをかけて、ボールをニューボールに替えてもらえ。絶対にバットは振っちゃダメだぞ」

まんまとフルカウントになったところで、大塚さんが審判にボール交換を要求。狙《ねら》いどおりに、押し出し四球を選んだ。高橋さんは、ボールをよく揉《も》んで投げる。このタイプは、滑りやすいニューボールを嫌《いや》がるとわかっていた。

阪神戦で、相手投手は江夏豊（のちに、南海、広島、日本ハムなどにも在籍）。私は2番打者だった。すると、三原監督は私にとんでもない指示を出した。

「今日はバットを振らなくていい。全部、バントをしなさい。やるなら、一塁側だ」

江夏は、それほどフィールディングがうまくない。さらに、一塁手は体が大きく、動きが機敏ではない遠井《とおい》吾郎さん。そこを狙えという。結果は、バント安打2本と2つの犠打だっただろうか。すべて成功だった。

三原監督は、相手を「観察」することで「洞察《どうさつ》」し、作戦に生かしていた。

その後、私は74年オフにヤクルトから日本ハムへ、さらに76年オフにはカープへ、それぞれ交換トレードで移籍。野球人生も、77年から大きく変わった。

カープで代打の極意を知るが、突然の引退勧告を受け、指導者の道へ

「代打が中心になるかもしれないが、期待しているから、頑張ってくれ」

日本ハムから広島にトレードが決まった77年、当時の古葉竹識監督から自宅に電話をもらい、意気に感じた。

プロ8年目で3球団目。ミート率を上げるため、スイングをコンパクトに変更した。代打に甘んじるわけではない。代打を突き詰めてみようと、心に決めた。この77年の5月、中日・星野仙一さんから代打サヨナラ2ランを放《はな》ったのはいい思い出だ。

代打に回ってから、フリーバッティングの意識を変えるようにした。最初の1球と、最後の1球の集中力を高めて、結果を求める。1球目はファーストストライク、最後の1球は2

ストライクと追い込まれてからの粘りを想定した。たいてい、練習の1球目はバントを転がしたり、バスターをしたりするものだが、これでは試合につながる練習とは言えないだろう。

バッティングの考え方も変えた。フルスイングするよりも、芯《しん》でとらえることを優先する。ランナーがいる場面での代打と考えたら、必要なのは長打よりもシングルヒットだ。スタンスを広くとり、上下のブレを少なくして、芯をボールにぶつける。自分のグリップからバットの芯がどのぐらいの距離にあるかを、常に頭にイメージしながら、バットを振っていた。

意識としては、「3ストライクアウト」ではなく「2ストライクアウト」だ。つまりは、1ストライク取られれば、追い込まれたのと同じ状況。そこまで仕掛けを早くしなければ、1打席勝負の代打では結果が出ないと思っていたのだ。

試合が始まってからは、「目慣れ」に気を配るようになった。とくに注意が必要なのがナイターのときだ。暗めのベンチから、カクテル光線に照らされたグラウンドに出ていく。目が慣れていないと、明るさに目がくらみ、一瞬「ウッ」となるのだ。これだけでも集中力が削《そ》がれる。イニングが中盤に入ったら、あえて照明を見たり、グラウンドに出て体を動かしたり、明るさに順応できるようにしていた。

78年は3位に終わったにもかかわらず、オフにチームでグアムに行き、同行した当時の松田耕平《こうへい》オーナーから妻ともども声をかけてもらい、感激したのを思い出す。カープは家

1977年からの6年間は広島でプレーした著者。代打中心ながら、1977、78年は打率3割超え。

族的な雰囲気を大切にする。簡単には選手をトレードに出さず、見捨てない伝統がある。

82年の6月も終わろうかというころ、古葉監督に呼ばれ、「7月から二軍でコーチの勉強をしたらどうか？」と打診された。登録上はまだ選手だが、7月からは「二軍打撃コーチ補佐」として、事実上の指導者の道を歩み始めろということだった。まだ現役に未練はあったが、この年の9月には35歳になるというタイミングだったこともあり、数日間悩んだ末に受けることにした。そこから、37年＋《プラス》半年の指導者人生がスタートした。

カープで指導者の基礎を学んだ。現在の松田元オーナーは、「監督は激務だから、基本的に5年周期だが、コーチは財産だから代えない」と、はっきり言う。選手同様、コーチも腰を据《す》えて育成する方針。監督もコーチも、コロコロ代わってしまうと、選手には迷いが生じる。カープにはそれがない。マニュアルは存在しないものの、スピード野球などは選手時代に教わっている。コーチの指導は、それほど大きくは変わらない。

カープのやり方で特徴的なのは、「補佐」を置くことだ。いきなり、大きな役割を与えるのではなく、「補佐」としてコーチ業を学んでいく。私も、ここからのスタートだった。コーチに向いているか、球団側が見極める時間にもなっている。

では、どういう人間がコーチ向きなのか。私が思うのは、理論も大事であるが、それ以上に、選手と一緒になって汗をかける情熱があるかどうか。私が若いコーチによく言っていたのは、「かばちたれても、しょうがねぇぞ」。「かばちたれ」とは、広島弁で「屁理屈《へりくつ》をこねる」という意味だ。頭でっかちにならないで、まずは体を動かす。そのうえで、コーチになってからも日々学び、様々なアイディアを選手に提示することが大切になってくる。

私はコーチになって、現役時代の失敗を糧《かて》とした。自分がいだいた後悔《こうかい》を選手にさせたくない。どんなに才能があろうが、打者は多くバットを振らないとダメ。コーチは選手に飽きさせないよう、継続してやらせることが仕事と言える。

秋と春のキャンプで毎年同じような練習メニューをさせるのではなく、常識にとらわれないユニークなことはないかと、常に考えた。打撃コーチはアイディアマンであれ。私のポリシーの1つだ。例えば広島コーチ時代は、スキューバダイビングでつける重りを腰に巻いて打撃練習をさせたことがある。体の軸をしっかりさせるため、体重よりさらに負荷《ふか》を10キロ近くかけるのだ。堂林翔太はこの練習で、腰を回転させる力がつき、スイングスピードが増した。

巨人の4番・岡本和真は、スタンスが大きくなりすぎる悪いクセがあった。その矯正《きょうせい》のため、両足首にゴム製のバンドを巻いて練習させた。ステップ幅がきちっと保てれば、軸回転で打てるようになる。この練習は、両足の内転筋《ないてんきん》を鍛える効果もある。両足をゴムバンドで留《と》めてスイングをするのは窮屈《きゅうくつ》だろうが、それも進化への過程だ。

人によって変える練習、質より量…中西太さんに、選手と近い指導を学んだ

指導者になったとき、私を選手として育ててくれた人をコーチのお手本とした。そのいちばんは中西太さんだ。私がヤクルトアトムズの選手2年目を迎えた1971年、中西さんは義父でもある三原脩監督と一緒にヤクルトに来た。選手時代に「怪童」と呼ばれた中西さんは、ヘッドコーチに就任。私は、その年に入団してきた若松勉と一緒にしごかれた。

中西コーチは、当時はまだ多かった大声を張り上げるスパルタ型の指導者ではなく、身ぶり手ぶりを使い、ときには実践《じっせん》しながら教えるタイプだった。説明はシンプル。大事なのはこれだと、よく言われたことがある。

「下半身は苦しく、上半身は柔らかく使え」

これをひたすら反復する。あるとき、一緒にやらされているのに、若松と内容が違うことに気がついた。中西コーチに聞くと、答えはこうだった。

「内田は体が固い。若松は柔らかい。だから、方法を変えているんだ」

人によって、コーチングを変えるのか——。当時は、これも珍しかった。

中西さんは、よく打撃投手も務めていた。「とにかく、たくさんバットを振れ」と言うの

だが、自《みずか》らも何百球も投げて付き合ってくれた。汗をかきながら、選手とコミュニケーションをとる。「うまくなってくれ」という気持ちが伝わるから、選手は逃げるわけにはいかないのだ。それに、いいバッティングができたときには、「いいぞ、今のはいいぞ！」とよく褒《ほ》めてくれた。欠点を突っつくのではなく、長所を伸ばすのが中西さんのやり方だった。

私は13年の現役生活で、通算打率2割5分2厘、25本塁打の「二流」選手に終わった。球界に数多くいる名球会入りしたような指導者に、説得力では及ばない。実績で伝えられないなら、中西コーチのようにボールを投げて、汗をかくしかない。選手とすごす時間を増やそうと考えた。最近は「練習は、量より質」というのが主流だが、私は「量が質を作る」という考え。中西コーチの教えが、指導者としての基礎になった。

とはいえ、ほとんどの選手は自分とは違うタイプ。自分の経験だけでは、限界がある。多くの引き出しを持たなければ、すぐに行き詰《づ》まってしまう。だから、勉強しないといけない。新米コーチのころは、指導者の話を聞いたり、本を読みまくったりした。ときには、体の使い方が似ているゴルフのスイングを参考にしたこともある。

コーチ1年目83年の、二軍打撃コーチ補佐を務めていたときには、時間があるたびに広島市民球場に足を運び、一軍の練習を見るようにしていた。なぜなら、自分の目が「ファーム慣れ」してしまうことが怖《こわ》かったからだ。ファームにいる若手のバッティングが良くなったと思っても、ケガやコンディション不良で一軍から落ちてきた選手と比べると、まだまだ雲泥《うんでい》の差があった。スイングの力、打球の音がまったく違う。「このままファームばかり見ていたら、自分の目がダメになる」と思ったことを覚えている。

また、市民球場では、カープの練習だけでなく、相手チームの練習もよく見るようにした。なにか1つでもヒントがあれば、ファームに持ち帰りたい。「この練習は、あいつに当てはまるんじゃないか」。何度も書いているが、コーチは、アイディアマンでなければいけない。その原点は、コーチ1年目から始まっている。

そうやってコーチとしてある程度の経験を重ねてからも、他球団の練習には積極的に足を運んだ。春季キャンプ中、オフの日があれば、車で移動できる球場を回る。これは、コーチになりたてのころ、古葉竹織さんにかけてもらった言葉がきっかけになっている。

「内田、これからコーチングをするのなら、休日にゴルフもするのもいいけどな、ほかの球団の練習を見に行くのもいいぞ」

ジャイアンツ、スワローズ、ライオンズ、ホークス。一般のお客さんに混じって、スタンドから勉強させてもらった。見たいのは、ウォーミングアップと打撃練習だ。どんな雰囲気でやっているのか、そして、どんなメニューで打ち込んでいるのか。

最近の話で言えば、今も印象に残るのが福岡ソフトバンクのアップだ。バリバリのレギュラーである松田宣浩《のぶひろ》が、先頭を切って、大きな声でまわりを盛り上げていた。松田が引っ張ることによって、若手からも声が出る。ノックが始まれば、選手同士で好プレーを褒め、ミスが出れば、厳しく指摘する。ひと言で言えば、他球団とは「活気」「緊張感」が違った。「プロ野球は、技術が大事では？」と思う人もいるだろうが、球場に流れる空気が澱《よど》んでいれば、練習の質も下がるものだ。

バッティング練習で刺激を受けたのは、埼玉西武だ。私が見たときは、浅村栄斗《ひでと》（現東北楽天）が在籍していたころで、中村剛也《たけや》、山川穂高《ほたか》と、右の長距離砲が揃《そろ》っていた。ティー打撃、フリー打撃、そしてロングティーと、下半身を目一杯使って振り切る力に、衝撃を受けた。すべてがフルスイングで、「遠くに飛ばすために、どう打つか」を徹底しているように感じた。２０１８年、19年と、破壊力抜群の打線でリーグ優勝を飾ったが、キャンプの振り込みを見ていれば、納得の結果だ。

とにかく、私は指導の引き出しを増やしたかった。「このやり方しかない」「俺はこういうやり方しか認めない」では、選手の信頼を得ることはできない。

コーチはどうしても、自分の意見を選手に押しつけがちである。しかし、一方通行では選手は育たない。

例えば、打つ際に体が前に突っ込んでしまう選手に、「突っ込むな」と言う。速球に詰まってしまう選手に、「詰まるな」と伝える。非力な選手に、「ウエイトトレーニングをやれ」と命じるだけなら、誰でもできる。そもそも、そんなことは自分がいちばんわかっていることなのだ。問題はなぜ突っ込んだり、詰まったりするのか。どうしてパワーがつかないのか。環境に問題があるのか、身体的な特徴なのか。必ず原因があるはずだ。

時間と労力をかけて選手と向き合えば、見えてくるものだ。原因を見つけても、それで終わりではない。今度は修正して、解決させなければならない。この作業は、選手にとって苦しいものになる。その際のコーチの仕事は、次項で記す。

手取り足取り教えたあとは距離を置く「ツンデレ」指導

人を育てるのには時間がかかって当然。それを継続するのは、さらに難しい。突き詰めれば、本人の意志次第。こちらがいくら熱心にああだこうだと言ったところで、選手自身が脇目もふらずに反復してくれないと、身につかないからだ。

私の見てきた中では、不器用な選手のほうが成功することが多い。器用な選手はすぐにできてしまうので、さっさと次に行ってしまう。だが、実は技術の習得度合いが浅く、本当の意味で身についていないことがよくある。半面、不器用な選手は、時間はかかっても、亀のごとく着実に前に進んでいくため、しっかり身になっているケースが多い。

習得に要した時間は、習熟度に比例するというのが私の持論だ。ここまでやって、ようやく人は育つ。

高卒選手には強制的にやらせることが必要な時期もあるが、ずっとそれでは先に進めない。やらされる練習には、限界がある。

手取り足取り時間をかけて教えた選手とは、そのあとに、あえて距離を置いて放《ほう》っておく「ツンデレ」的な時間を作ることにした。私のアドバイスを選手が理解し、反復しているか。あえて少し離れたところから、こっそり見るようにした。伸びる選手はやはり、やっている。

アウトコースが苦手だった巨人の坂本勇人には、ステップをする左足のかかとを上げ、つま先立ちの状態で行うティー打撃など、10種類以上の練習を課した。

108ページでも触れたが、広島の鈴木誠也は入団当初、バットが遠回りして出てくるアウトサイドインの軌道だった。そのため、坂本とは逆で、インコースに手を焼いていた。いろいろな練習を重ねて、その弱点を克服していった。

フリー打撃、ティー打撃、素振りに至るまで、それを意識して振っているか。なにが悪くて、どこをどう修正したのか。理解していれば、継続できる。そこから自主的にやるようになる。のちに調子が悪くなったとき、立ち返る場所がわかる。坂本も誠也も自発的に反復していた。1つずつ地道《じみち》に積み上げていったからこそ、日本球界を代表する選手になったと言える。

「知っている」と「できる」は、まったく違う。知らせるだけで終わりではなく、できるところまで持っていくのがコーチの務めである。

マイナーリーグ視察で驚いた冷却期間の威力！　選手がミスしても、確認は翌日

広島の二軍打撃コーチだったころ、夏場に球団からこんな話が舞い込んだ。

「臨時全米スカウトとしてアメリカを回って、いい選手を見つけてきてくれ」

指導者になってから、いつかアメリカの野球を見て勉強したいと思っていた。そのために妻に貯金を頼んでいたほどだ。それが、球団のお金で行けるなんて、こんなに素晴らしいことはない。緒方孝市が1Aチームに野球留学した、89年のことだ。

助っ人選手をさがすという名目だが、マイナーリーグを巡回しながら、各チームの指導者とも交流した。華やかなメジャーとは対照的に、マイナーはすべてが質素。地方への遠征の際はモーテルのような安宿《やすやど》に泊まるし、給料も安い。私には、球団から交際費も出る。マイナーのコーチなどを食事に誘い、アメリカ式の指導法を聞いて歩いた。彼らと仲良

くなると、「日本から視察に来た指導者」ということで、グラウンドにも入れるようになった。

試合を見ていると、ある選手が走塁でボーンヘッドを犯し、試合に負けた。日本では、「鉄は熱いうちに打て」と言う。すぐに、「なに、やってんだ!」とカミナリが落ちる場面だ。アメリカの監督やコーチは、どう指導するのか。それを知るのも、私のミッションだ。

興味津々《しんしん》で見ていたが、試合が終わっても、触れずじまい。試合に負けているのに、不問なのか。今、指導しなくては、次に生かせないのではないか。モヤモヤが残った。

翌日も、グラウンドに行ってみた。すると、監督は当該選手に、「家族はどうしている?」などと、関係のない会話を振っている。その選手も、笑いながら子どもの話をしている。ミスに目をつぶるのか。そう思っていたら、最後に監督は、こう切り出した。

「ところで、きのうのあのプレーは、どうして起きたんだ?」

「きのうは、こういう理由でミスをしてしまった」

「OK。わかっていればいい。今日の試合は、そこを注意していこう」

ミスをしたあと、選手は自分への怒り、後悔、恥ずかしさなど、多くの感情が入りまじった精神状態でいる。こんなときに注意をしても、反発されるのが関の山。効果が薄いときには言わず、ひと晩待ったのだ。頭を冷やす時間を与え、世間話で気持ちをほぐしてから切り込んだ。そこまで温めておいて、言うのは一瞬だった。

冷静になってから指摘された選手は、なぜミスをしたのか、原因を考えて改善しようとするだろう。一方的にガミガミ言っても、選手には届かない。時間を置き、コミュニケーションをとって、信頼関係を築いたうえで言えば、心に響く。言葉をかけるのにも、タイミングがある。その後の指導者人生で、常に心の片隅《かたすみ》に置いていたことである。

ジャイアンツのファームでコーチをしていたとき、一軍で不調に陥《おちい》っていた村田修一（元横浜、現巨人一軍野手総合コーチ）が落ちてきたことがあった。どんなに実績がある選手でも、ファームに加わったときには、全員の前で挨拶《あいさつ》をする。ただ、このときの村田は、「なんで、俺がここにいるんだ」という態度をあからさまに出していた。私は、それが気にくわなかった。ベテランがそんな態度を見せていたら、若手はどうしても気を遣《つか》う。

すぐに村田をつかまえて、こう言った。「お前な、毎日そんな血相《けっそう》をしていたら、チームが暗くなる。お前のことを1日10回笑わせるからな」。すると、その言葉を聞いた村田の表情が崩《くず》れた。「はい、1回笑ったな」。技術を教えることだけが、コーチの仕事ではないのだ。

当然、ファームに落とされた悔《くや》しさもあったのだろう。村田は、コンディションが悪いときでも、休もうとしない男だった。私が一軍の打撃コーチを務めていたとき、明らかに疲労が溜《た》まっていた時期があった。村田に「2～3日休んで、ベストにして戻ってきたらどうだ？」と言ったら、「いやいや、休めません。代わりの選手はいくらでもいる。そこで

ベテラン選手だった村田修一には、冗談《じょうだん》もまじえて接し、チームの雰囲気を保った著者。

活躍されたら、僕の出番がなくなりますから」と返してきた。

今のプロ野球は、コンディションを優先して、レギュラーであっても戦略的に休ませることがあるが、昔はフル出場が当たり前。多少ケガをしていても、スタメンは譲らない。裏を返せば、ほかの選手にチャンスを奪われるのが怖かったのだ。プロとはそういう世界である。

「好みじゃなくても、いいところを見つける」…短所の隣《となり》に、長所あり

プロ野球の支配下登録選手は、1球団70人まで。球団は毎年、数人か多いときには10人以上も戦力外やトレードに出すなどして、その分を新たにドラフト会議やトレード、外国人の招聘《しょうへい》などで補充する。70人の中でやりくりしながら、チームは成り立っている。

それまで在籍していた選手をクビ、あるいは放出してまで指名するのが新入団選手なのだ。チームの弱点を補うために、スカウトが長い年月をかけて視察し、指名に至っている。入団が決まったあとは、最高で1億円の契約金が発生する。球団は入団前から大きな投資をしている。だから、一軍で活躍できるように育て上げるのが、私が長く務めてきた二軍コーチであり、二軍監督の職務なのである。

選手、指導者として50年ものあいだ、プロのユニフォームを着てきた。もちろん、私な

りの選手の「好み」はある。この世界で伸びる、成功する技術的、身体的な特徴の目安はある。しかし、スカウトの目は別物だ。私なら取らないな、と思うような選手でも、そのスカウトが球団に指名を推薦《すいせん》した「根拠」「長所」が、必ずどこかにある。そこが大事なのだ。もし、コーチの私が「好みに合わない。この選手はダメだ」とレッテルを貼《は》ってしまったら、のちに一軍の戦力になるかもしれない機会を奪うことになる。球団目線で言えば、スカウトが発掘してから獲得するまでの時間や労力、球団が払った契約金などの先行投資も、すべてパーになってしまう。新人が育たなければ、チームの将来的な構想も破綻《はたん》する。

コーチになったばかりのころ、カープにいたベテランコーチから、こう言われたのを肝《きも》に銘《めい》じた。

「ダメだ、と言ったら最後。ダメ、という言葉を使わずに指導してみろ」

実績がない二軍選手に「お前はダメだ」と言ってしまったら、その選手はもうやめなければならない。ダメと言う前に、長所を見つけ、伸ばす方法を考える。育成とは、本人の努力は言うまでもないが、コーチの手腕も大きな要素になる。私は新人と会う前には、必ず担当スカウトに、「長所、短所、性格、育った環境」などを聞くようにしていた。

事前に情報を入れたうえで新人を見ると、いいところが見えるものだ。まずは、長所を伸ばすことに主眼を置く。そのうえで短所を克服すべきか、薄めるべきかを考えた。

打撃というのは、長所のそばに短所があることが多い。ということは、「短所の隣《となり》に、長所がある」とも言える。情報を入れずに感覚的な指導で短所の修正に取りかかると、いいところまで消してしまうことがあるのだ。だから、入団早々ではなく、少し時間を置いてから、慎重にやるべきだと考えていた。

2000安打を放《はな》つまでに成長した広島の新井貴浩、一度クビが決まっていたところから首位打者を獲得した嶋重宣は、「ダメ」と言うのを我慢し、辛抱《しんぼう》を重ねた選手だった。

生き残るために、そして進化のためには、「変化」が必要！

継続、反復が大事だと、233〜234ページで書いた。しかし、何年も続けて結果が出なければ、変えなきゃいけない。プロの選手には、ここまでこれでやってきた、という信念のようなものがある。白紙に戻すのは勇気がいることだ。しかも、伸びない選手ほど、変化を嫌う傾向がある。どうしても打てない相手投手は、きっと来年もそのチームにいる。自分の苦手な球種、コースなどは、スコアラーによって丸裸《まるはだか》にされる。

全球団の投手に嫌というほど弱点を突かれるわけで、変わらなければ、来年はもっと打てない。それがプロの世界なのだ。

伸びる選手は、信念はあっても、周囲の助言に耳を傾ける謙虚さ、素直さを持っている。イチロー（元オリックス・ブルーウェーブ、シアトル・マリナーズ、ニューヨーク・ヤンキースなど。現在は、マリナーズ会長付特別補佐兼インストラクター）は、常になにかに挑戦していた。113ページでもお話ししたが、広島の鈴木誠也は、私が巨人の二軍打撃コーチを務めていた18年、打率3割2分0厘、30本塁打、94打点の好成績を残した年にもかかわらず、シーズン終盤に電話で、こう告白してきた。

「バッティングフォームを変えようと思っています」

私は、「シーズンが終わってからでいいんじゃないか」と返した。正直なところ、やりすぎだと思ったが、誠也の向上心には頼もしさも感じた。進化しようとして同じ場所にとどまらないのは、イチローら超一流の共通点でもある。

野球において、悩むことは良くない。打撃は10回中7回失敗しても、3回打てば一流。現役を続けていれば、膨大《ぼうだい》な量の失敗を積み重ねることになる。いちいち失敗を悩んでいたら、身が持たない。7回打てなかったあとに、3回続けて安打することもあるのだが、7連続凡打の段階で、とてもそうは考えられないものだ。

「俺は、ずっと打てないのではないか」などと悩んでいるだけでは、問題は解決しない。

私は選手に、「悩むなら、考えろ」と言ってきた。なぜ打てないのか、理由を考える。それがわかれば、夜中に素振りをしながら修正したり、解決するために動いたりすることができる。状況が変化する可能性が出てくるのだ。

私は指導者人生で、「源気《げんき》」という言葉を座右《ざゆう》の銘《めい》にしてきた。元気、やる気、負けん気、勇気、気力、気合い……。多くの「気」が成長の「源《みなもと》」になるという言葉だ。

もう1つ大事にしたのは、「時」である。選手がうまくいっていない場合、ある程度の「時間」が必要になる。チャンスが来たとき、モノにするという意味もある。

「チャーッス」

カープの二軍監督だったころ、こんな挨拶《あいさつ》をした選手、コーチに対し、「もう1回、ドアの外からやり直せ」と叱《しか》ってきた。思えば、私は口うるさい指導者だった。ただ、周囲に感謝の「気」持ちがなければ、「時」も来ないと思う。

カープはなぜ選手が育つ？ 巨人と相反《あいはん》する球団方針に答えあり

私の指導者人生で基礎となったのは、ドラフトで指名した生え抜きの選手を育てていくカープでの経験だった。対照的に資金が豊富な巨人は、ＦＡなどでの補強を重視してきた。逆指名制度があった１９９０年代から２０００年代、有望な即戦力選手の多くが、巨人に入団した。広島は将来性を買って高校生を指名し、育てるしかなかった。

そんな側面があるから、広島は一軍から二軍まで一貫した指導が求められる。226ページでも触れたが、松田元オーナーは、「監督は激務だから、5年で代える」と、はっきり言う。一方で、「コーチはカープの財産。だから代えない」と言ってくれる。首脳陣が代われば、練習内容だって変わる。

指導者が代われば、真逆《まぎゃく》のことを言われることもある。これでは、選手は戸惑《とまど》ってしまう。他球団と比べ、カープはそれが少ない。だから、選手が育つのだ。

12年から務めたカープ二軍監督時代、朝山東洋《あさやまとうよう》（元広島、現広島一軍打撃コーチ）ら二軍のコーチに、「カープ流」のコーチングを伝授した。マニュアルこそないものの、チームの伝統を新人コーチに伝えるのも、古参の私の役目だった。プロで生き抜くために、選手には、「2つ以上の個性を作れ」と指導した。

例えば、パワーはなくても小技の成功率が高かった巨人の川相昌弘《かわいまさひろ》（のちに、中日にも在籍）は、長所を磨いたことで、のちに犠打の世界記録を作った。川相は、ベテランの立場になってからも、よく練習する選手だった。神宮球場や横浜スタジアムで試合があるとき、レギュラー外の若手は打つ量を確保するために、10時半からジャイアンツ球場で打ち込んでから球場入りする。川相はそれに自主的に参加し、黙々《もくもく》とバント練習を繰り返していた。「バントの神様」とも呼ばれるような男が、なおも己の技術を磨くために練習をする。そうした姿は、若手の大きな手本となったはずだ。

川相のように小技を武器にする選手もいれば、岡本和真のようにホームランが魅力の選手もいる。そういった長距離砲は、将来の4番に育てるわけで、細かいことをやらせても意味がない。近年、巨人の首脳陣は、岡本の育成に主眼を置いてきた。私もそうだった。ただし、岡本にアドバイスするときは、ほかの選手も近くに置いて、聞かせるようにした。岡本に向けた言葉でも、参考になることはある。盗んで自分のものにしてほしかったのだ。

原辰徳監督が復帰した19年シーズン、巨人は大型補強を行った。私は巡回打撃コーチとしてファームにいたのだが、その影響でアレックス・ゲレーロ（元中日など）、クリスチャン・ビヤヌエバ（20年は北海道日本ハムに在籍）といった助っ人勢や、陽岱鋼《ようだいかん》（元北海道日本ハム）、中島宏之（元埼玉西武、オリックス・バファローズなど）ら、年俸が億単位の大物選手が二軍にゴロゴロいて、一軍の首脳陣からも、「何打席か立たせてくれ」といった要望が多かった。このように、二軍がベテランや助っ人の調整の場として使われることは、巨人に限らずある。ただ、同時に若手の育成の場でもあることを忘れてはいけない。

だからこそ、20年シーズンに就任した阿部慎之助二軍監督の責任は重大だ。育てるという意識を強く持って指導してもらいたいと、私は期待している。

私の指導3原則「作る」「育てる」「生かす」…教える必要がなかったのは高橋由伸だけ

私の指導者としての指針でもあった、選手を「作る」「育てる」「生かす」。これは、具体的にどういうことなのか。

まず、「作る」とは、おもに高卒選手などで、なにを武器にしたらいいか、まだわからない選手を指す。または、足が速い、肩が強いといった「一芸」はあるものの、現状では、代走や守備固め止まり。ただ、打撃力さえ向上すれば、レギュラーになれるかもしれない。そんな選手を鍛えて作り上げることだ。教え子で振り返ると、広島の正田耕三、江藤智、緒方孝市、金本知憲、新井貴浩、嶋重宣の名前が挙げられる。

次に「育てる」とは、作る選手よりは入団時の能力が高かった選手のことを言う。巨人の松井秀喜、岡本和真、広島の前田智徳、鈴木誠也が当てはまる。

このレベルの選手には、例えば入団時に長打力があると評価されていても、一軍の舞台で披露することなくプロの世界を去っていく者も多い。データ分析全盛の今、弱点はあっというまに知れ渡る。克服しなければ執拗《しつよう》に突かれるだろう。ただし、前述のように、打撃は長所と短所が隣《とな》り合っていることが多い。得意のエリアのすぐ隣《となり》が苦手のエリアということだ。

弱点を突こうとする相手投手に、「少しでもコースや高さを間違えたら、確実に放《ほう》り込まれる」と、恐怖心を植えつけられる選手は成功する。

前記した松井、岡本、前田、誠也らは、いずれもそうだ。そのレベルまで行ければ、得意なところを打ち返す確率を上げればいい。長所が大きければ、短所は気にする必要がないかもしれないのだ。「育てる」選手の場合、これを見分けるのも打撃コーチの仕事になる。

最後に「生かす」とは、すでに完成された、大学生、社会人の即戦力選手を指す。巨人の高橋由伸（慶應義塾大学）、阿部慎之助（中央大学）、広島の野村謙二郎（駒澤大学）、そして、新人ではないが、巨人では毎年のように補強で加わるFA選手も、このタイプだ。清原和博らが当てはまる。

しかし、放《ほう》っておいて結果が出るほど甘い世界ではない。2000安打、400本塁打をクリアした阿部だって、最初は苦労した。ツイスト打法を習得し、多くのドリルをこなし、バットを振り続けたからこそ、超一流の域に到達できた。

大学時代にトップクラスの実績を誇った由伸に関しては、新人時代からなにも言うことがないほど完成されていた。その後の十数年、本当に打撃技術に関してはなにも教えなかった。そんな選手は、あとにも先にも由伸しかいない。

清原にはアドバイスをする前に人間関係を構築したし、大打者に成長を遂《と》げた阿部の成長過程を間近で見られたことは、私の大きな財産となった。しかし、全員に、求められた活躍ができるわけではない。チームが期待した形に導くのも、「生かす」ことである。

阿部慎之助二軍監督に伝えたい「選手に持たせる3つの精神」と、見捨てないこと

私は37年間にわたり、広島と巨人で、おもに打撃コーチなどを務めてきた。私と入れ替わりで、新人指導者として奮闘する巨人の阿部慎之助二軍監督には、「継続は力なり」を意識してほしい。誰もが早く成功したい。だが、野球に特効薬はない。コツコツやるしかないのだ。よく「結果を出せ」と言うが、「過程」を大事にしないと、成長はない。選手に目標を設定させて、こうやったから、ここが打てるようになった。どうして、なぜこうなるのか、と問いながら、前へ進む。選手に必要なのは、「ハングリー、チャレンジ、スタンバイ」の3つの精神。たとえレギュラーでなくても、焦《あせ》らず、腐《くさ》らない人材を育成する。各自の持ち場でチームの勝利に目を向けさせる。これも、指導者の役目だ。

長い指導者人生で、気をつけていたことがある。阿部二軍監督も意識しなければならないが、育成がおもな狙いである二軍では、どの球団でも選手にA〜Cといったランクをつけている。これはドラフトの順位や球団の期待値だが、中には、将来有望な若手に付きっ

きりになるコーチもいる。それでは失格だ。どんな選手にも先入観を持たず、見捨てないこと。みんなが松井や阿部になれるわけではない。代打、守備固め、代走要員でもいい。一軍の戦力になれるよう、生かし方を考える。一芸に秀《ひい》でた選手を作るのも大切な仕事だ。

よく「コミュニケーション」として選手と食事をしたり、酒を飲んだりして、「面倒を見た」と言う首脳陣がいる。だが、私は、グラウンド外で選手と付き合わないように努めた。メシを食わせて恩を売っているようで、嫌だったのだ。選手を弟子のような関係にして「言うことを聞け」なんてやり方は、コーチングとは言えない。指導はグラウンドのみ。長いあいだ、心がけてきたことだ。

そして、ベテラン選手には、「終わりを考えながらプレーしろ」と言ってきた。例えば、もしプロ野球選手じゃなかったら、親会社の社長に会えるだろうか。声をかけてもらえるだろうか。それが当たり前ではない。引退前に、野球がくれたものの価値、ありがたみを考えろということである。20代でチヤホヤされ、天狗《てんぐ》になっていた選手が、引退まで意識が変わらなければ、いざやめたあと、世間に相手にされるだろうか。解説者にもなれやしない。

20年から、私は社会人野球のＪＲ東日本で「外部コーチ」を務めている（21年4月からは、「アドバイザー」）。レベルは、プロの三軍と練習試合をすれば圧勝。二軍なら接戦になるというところだろうか。最初にコーチとして巨人に呼ばれた94年のように、選手の寮《りょう》に

教え子たちから贈られた記念バット（左から、前田智徳、松井秀喜、高橋由伸、新井貴浩、嶋重宣、阿部慎之助、野村謙二郎、清原和博、落合博満）。すべて実際に使用されたもの。

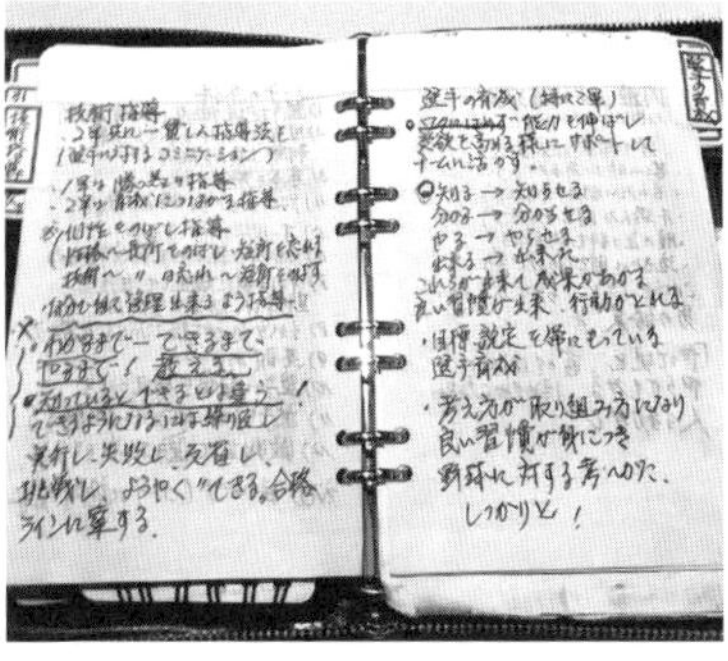

著者の「虎の巻」の手帳（260～261ページの「おわりに」参照）。小さなことでも指導に役立てられるよう、細かく記述。この手帳のほか、様々な練習ドリルやメンタル術などをまとめた膨《ぼう》大《だい》な文字資料を、自《みずか》ら作成している。

寝泊まりして指導をしている。中には、プロを目指す者もいるが、ほとんどは、20代での引退を余儀なくされるのが社会人野球の世界。選手寿命が短いだけに、ひたむきさを感じる。すべての面で、プロは恵まれている。プロに身を置く者は、もう一度考えてほしい。

選手を引退してコーチになったとき、情熱と我慢することだけは忘れないように、夢中でやってきた。「内田が多くの選手を成功させた」と言ってもらうことがあるが、実際は選手たちが頑張ったから伸びたのだ。むしろ、選手には多くのことを学ばせてもらい、これだけ長い年数、ユニフォームを着られた。これまで携《たずさ》わったすべての選手に感謝である。

バットの握り方で、スイングは変わる! 打撃の神様・川上哲治《てつはる》さんの教え

ときおり、「小さい子にはどうやってバッティングを教えたらいいですか?」という質問を受ける。私自身も勉強しているところだが、プロ野球選手と同じように教えたところで、打てるようになるわけではない。もっとシンプルにわかりやすく、それでいてポイントを的確に押さえた指導をするには、どうすればいいか。プロの世界とはまた違った難しさがある。

小さい子どもたちに対しては、まずバットの話をする。

たいていの子が、重そうに振っていて、バットに振り回されている。道具であるバット

を自在に操《あやつ》ることができなければ、ヒットを打つ確率が上がるはずがない。重いバットで振る力をつける練習もあるが、それは体ができてからの話。まだ体が小さいうちに振りすぎると、ヘッドが下がるスイング軌道になるだけでなく、腰を痛めることにもつながりかねない。自分の筋力《きんりょく》に適したバットを、しっかりと選んでほしい。それでもバットが重たいようなら、短く持つのも1つの手だ。長く持ってボールに当てにいくのなら、短く持って強くスイングできたほうがヒットの確率は上がるものだ。

グリップは、人によって様々な握り方があるが、すべてにおいて言えるのは、「力強く握りすぎない」ということだ。48ページで解説したように、バッティングのコツは、「いかに無駄な力を抜くか」。力を抜いているからこそ、素早く振り出し、インパクトでヘッドを利《き》かせることができる。私が現役のころには、「バットを叩《たた》かれたら、ストンと落ちるぐらい、柔らかく握りなさい」と言われたものだ。

こうした考えは、手で道具を扱う競技には、すべて通じるのではないだろうか。例えば、剣道。竹刀《しない》を強く握りしめていたら、相手の攻めへの対応が、一瞬遅れてしまう。テニスにしても、フォアハンドとバックハンドで、微妙にグリップを変える。柔らかく握っているから、握りを変えることができるのだと思う。

右手と左手の力の配分にも、気をつけたい。後ろの手（右バッターは右手、左バッターは左手）のほうが優位に働くと、振り出すときにどうしても体から離れ、ドアスイングになりやすい。私の場合は、前の手が7で後ろの手が3ぐらいの力加減で握っていた。青木宣親《のりちか》（東京ヤクルト）が構えているとき、前の手はがっちりグリップを握っているのに対し、後ろの手は緩《ゆる》い感じにして小刻みに握り直しているのも、似たような意図だろう。

握り方は、指で握る「フィンガーグリップ」と、手のひらで握る「パームグリップ」があるが、パームグリップで握るとどうしても脇が空《あ》きやすくなるので、まだ力がない小さいうちはフィンガーグリップをお勧《すす》めしたい。

やり方は簡単だ。実際のバッティングと同様にスタンスを決めたあと、ヘソの延長線上にバットのヘッドを落とす。打席の中で考えると、ホームベースの上にヘッドが来る感じだ。この状態から前腕と手首の角度を真《ま》っ直《す》ぐにしたまま握れば、両手の第二関節で包むようにしてバットを握れるはずだ。脇が少し締まり、両手の関節が揃う。このときにわざわざ、手首をグイッと曲げて、手のひらで深く握ることはないだろう。

今の子どもたちはあまり経験がないかもしれないが……、トンカチでクギを打ち込む動きを思い出してみてほしい。操作性を高めるために、手のひらではなく、指の関節で握っているのではないだろうか。小指・薬指・中指の3本指に力を入れることによって、テコの原理を生かし、トンカチの先を扱いやすくなる。

バッティングにも、同じことが言える。いかにテコの原理を使って、ヘッドを走らせることができるか。手のひらで深く握っている選手の中で、もしバットコントロールに課題があるのなら、指で握ってみてはどうだろうか。

これはプロのテクニックになるが、テコの原理をより生かすために、右バッターであれば、左手の人差し指と右手の小指を重ねて握る方法もある。支点となる場所の面積をより小さくすることで、ヘッドを使いやすくなるのだ。長距離砲が好む握り方になる。

バットの握りで、思い出す話が1つある。

プロに入って、2年目から3年目のころだったと記憶している。バッティング用の手袋をして打撃練習をしていたら、川上哲治《てつはる》さんに、「キミは、なんのために手袋をしているのか?」と声をかけられた。打撃の神様である。直立不動で、「ハイッ!」と答えるしかなかった。緊張で固まる私に対して、川上さんは言葉を続けた。

「痛くて、手が腫《は》れたりするんだったらね、バットの芯で打ちなさい。芯で打てば、素手《すで》でも痛くないでしょう。素手で打つことによって、バットコントロールが磨かれていくから。それにね、内田くん、手袋をしたまま、針の穴に糸を通せるか? 通せないでしょ? 素手であれば、目が悪くない限りは通せる。素手のほうが繊細《せんさい》なんですよ」

根っこや先っぽで打つと、手がしびれる。そのしびれを軽減するために、手袋をはめる。

しかし、川上さんからしてみると、「痛いと思うのなら、芯で打てるように練習しなさい」。昔の選手は、素手で打つのが当たり前だった。さらに、こんなアドバイスももらった。

「なぜ、キミは滑り止めのスプレーを付けているんだ？　人間はね、綱引きをするときに、最初になにをする？　手のひらにペッペッと唾《つば》を付けるでしょ？　唾には粘着力があり、遊びもある。スプレーでガッとつかむよりは、唾がいい。素手で打つときには唾を使いなさい」

今は手袋の品質が良くなり、素手と同じような感覚でバットを握ることができる。だから、唾を吹きつける必要はないのだが、川上さんが言いたかったことは、「ある程度の遊びがなければダメ。バットをガツッと強く握りすぎてはいけない」ということだったと思う。

少年野球にも有効！　リズム・タイミング・バランスを習得するウォーキングスイング

バットの握りを伝えたうえで、実際のスイングに入る。ポイントは、「リズム」「タイミング」「バランス」だ。割れやインサイドアウト、ツイストの話をしても、子どもたちにはなかなか伝わらないだろう。

もし、私が少年野球のコーチをするのであれば、ウォーキングスイングに取り組ませる。阿部慎之助はじめ、プロ野球選手も取り組んでいた練習方法だ。「イチ」で前足を軽くステップして、「ニー」で軸足に力を溜《た》めながら、ピッチャー方向に歩くように体重を移動させて、「サン」で力強くスイングする。「イチ・ニー・サン！」と声を出しながら振ると、リズムを感じやすく、より効果が生まれる。少年野球は変化球が禁止されているため、「イチ、ニ、サン」のタイミングでも打てるのだが、これから先のことを考えたら、「ニー」で時間を感じる打ち方を覚えておきたい。

ウォーキングスイング自体は、よく耳にする練習法だが、私のやり方は少し違う。右バッターで例えると、左足をステップしたあと、次の右足をホームベース方向に踏み出すのだ。一般的には左足の後ろを通すやり方が多いが、これでは軸足に乗る感覚がつかみにくい。自分の体の前にステップしたほうが、軸足に力を溜める感覚を得やすいのではないだろうか。

最初は素振りから始めて、動きのリズムがわかってきたら、ティーバッティングに移行していくといいだろう。軸足に力を溜めることによって、強くスイングできることがわかってくるはずだ。もっと理解が進んでいけば、ウォーキングスイングでノックを打つのもお勧めだ。トスしたボールが落ちてくる時間と、自分のステップで作った間合いを、どのように合わせていくか。子どもたちにとっては、見た目以上に難しい練習になると思うが、ノックが思うように打てるようになれば、バッティングのコツをつかんだと言っていいだろう。

ホームベース方向に踏み出す利点は、もう1つある。前に踏み出すことで、力を感じやすい母指球《ぼしきゅう》を中心にした足裏全体で、地面をつかむことができる。このときに左足の後ろに踏み出すと、お尻のほうに体重がかかり、かかと重心になりやすいのだ。これが、フォーム全体のバランスを崩すことにつながっていく。

バッティングにおいて、かかと重心になる利点は、なにひとつない。アウトコースに対して、力が入らないバット軌道になり、当てるだけのバッティングになってしまう。左の変則サイドスローが投じる外のスライダーに対して、左バッターが腰を引いたようなスイングになることがあるが、かかと重心の典型と言っていい。背中のほうからボールが来るように見えるため、どうしても恐怖心が生まれ、ボールから逃げようとする。バッターの本能として致し方ないところではあるのだが、かかとに乗った瞬間にバッターの負けとなる。

ウォーキングとは、つまりは「歩く」ということだ。バッティングは、後ろ足で溜めたパワーを前足にぶつけることで、インパクトで強いエネルギーを加えることができる。歩きの動作を入れることによって、体重の移動を意識しやすくなる。

子どもたちに多いのが、体重が移動しきれず、後ろ足に残ったままスイングしてしまうことだ。これは、後ろ足のかかとの上がり方を見ると、よくわかる。キャッチャー側にかかとが回っている子は、体重移動が不十分な証《あかし》。できている子は、後ろ足の母指球で地面を押し込み、フォロースルーでつま先立ちになって、かかとが空を向く。表現を変えれば、足の裏全体が捕手側に向く。すなわち、腰がしっかりと回り、下半身を使ったスイングと言える。

昔、長嶋茂雄さんが「股間《こかん》をつぶすようにして打ちなさい」と指導していたが、あれこそ理想の動きである。つぶそうと思えば、体重を前足にぶつけるしかないのだ。さらに言えば、前のヒザのカベが開いてしまうと、つぶすことができない。

コーチ時代には、股間にバット（ヘッド側）を挟《はさ》み、バットが落ちないようにスイングさせたこともある（149ページの写真参照）。木製バットだとわかりにくいが、子どもが使うプラスチックバットであれば、バットがベコッとへこむぐらいの力が加わる。動きのポイントとしては、後ろ足の内側にある内転筋《ないてんきん》を、前足の内転筋にぶつけていく。両足の太ももを内側に絞《しぼ》るイメージだ。少し難しい話になるが、力のベクトルは真横ではなく、斜め下。横に動かそうとすると、前側のカベが崩れやすくなってしまう。斜め下のほうが、後ろ足のパワーを伝えやすい。

ステップする前足のつま先の角度にも注意したい。「開いてはいけない」とコーチに指導されているのか、つま先を90度よりも閉じてステップする子がいる。ここまで閉じてしまうと、腰が回るスペースがなくなり、手打ちになりやすい。後ろ足のかかとも上がってこないだろう。つま先は、45度ぐらい開いてしまって構わない。

前足全体で「ドスン」と着地する子もいるが、これでは「イチ・ニー・サン」ではなく

「イチ・ニ・サン」のスイングになりやすい。つま先から着地して、かかとはわずかでもいいので地面から浮かせておく。投球のスピードに合わせて、下ろすタイミングを調整することによって、緩急《かんきゅう》にも対応できるようになる。「ドスン」と着かないように、注意しておきたい。

草野球プレーヤーはボールをよく見て、理想のポイントでとらえるイメージを！

最後に、土日の草野球を楽しむ大人に向けてのアドバイスを送りたい。

まずは、「ケガをしないように、楽しみましょう！」ということだ。好きな野球でケガをしてしまって、本業の仕事に影響が出るようでは、元も子もない。若い感覚のまま体を動かすと、「足がついてこない……」「こんなはずでは……」と運動会のお父さん状態になりやすいので、決して無理だけはしないように。試合前に軽くジョギングをしたり、股関節《こかんせつ》や肩甲骨《けんこうこつ》をほぐしたりするだけでも、故障予防につながるはずだ。

それをふまえたうえで、バッティングの助言をするとしたら、「ボールをしっかり見て、打ちましょう！」に尽《つ》きる。草野球となれば、長打を狙っているバッターが多いはず。その分、顔はレフト、打球はファーストへ……なんてこともあり得る。強く引っ張りたいという気持ちだけが先行して、ボールを最後まで見ずにスイングしてしまうのが、最大の理由だ。これでは、なかなか長打は生まれないだろう。

繰り返しになるが、バッティングの基本はセンター返しだ。本書の対談の中で、キヨ（清原和博）も口にしていたことで、一流バッターほど、この意識が強い。センターを中心にして、45度の範囲を狙うことによって、ボールを長く見られるようになる。基本に反したことをやってしまえば、おのずと確実性は失われていく。

もう1つ、ミートポイントをしっかりとイメージしておきたい。「ボールを見よう」と思うと、ボールを体の中にまで入れがちだが、これでは窮屈なポイントでとらえることになり、打球は飛んでいかない。後ろヒジにわずかな緩みがあり、ボールの勢いに負けずにとらえられるのが理想のポイントだ。ヒジが伸びきっていては、ボールの力に負けてしまう。

具体的に言えば、ヘソの前でとらえること。体が回転した状態でのヘソの前となれば、前足のつま先の延長線上でとらえるイメージになる。素振りの段階から、そのポイントですべてのパワーをぶつけることを意識して、バットを振る。スタンドティーを置いて、理想のポイントを体に染《し》み込ませるのもお勧めだ。

あとは、ストライクを打つのみ。ボール球は、どんな一流打者であっても、打率が下がる。だからこそそのボール球。打つべき球を「好球必打」で狙っていけば、おのずと結果はついてくるのではないだろうか。

おわりに

２０２０年から「外部コーチ」に就《つ》き、21年４月からは「アドバイザー」という肩書きで指導にあたることとなった社会人野球チームのＪＲ東日本では、プロ野球のコーチとはまた違った難しさを感じている。

社会人の選手たちを教えていて、うまくいく場合もあれば、そうもいかないときもある。同じことを行っていても、練習への意識は人それぞれ違うものだ。

21年の９月で74歳になるが、まだ勉強すべきことが多いと痛感する。プロと社会人の求める技術は同じでも、その伝え方や練習方法をもっと学ばなければいけない。請《こ》われて指導者としてチームに加わっている以上、目の前の選手を成長させなければ、そこにいる意味がない。

私は現役時代から、なにか気づいたこと、学んだことがあったときに、メモを取る習慣がついていた（２４９ページの下写真参照）。ササッとメモを書いたあとには、わかりやすいように別のノートに整理をする。指導者になってからもその習慣は続き、とにかく書き残すようにしている。

本からの学びもあれば、テレビでたまたま見たことが指導のヒントにつながることもある。人に会っているときも、興味深い話があれば、忘れないようにメモをとる。年上でも年下でも、いっさい関係ない。もうこの年齢なので、パソコンではなく、手書き派だ。

　学ぶことをやめた時点で、人としての成長は止まってしまうように思う。とくに、教える立場にあるコーチは、選手以上に学び続ける必要がある。私はメンタル面や人間の性格についても勉強したことがあるが、現場の指導で生かせることがいくつもあった。性格は「完璧《かんぺき》主義者タイプ」「献身家《けんしんか》タイプ」「達成者タイプ」「芸術家タイプ」など9つに分かれ、各タイプに適した声かけがあると知り、なるほどと思ったものだ。

　読者のみなさんが、本書からどれだけの学びや気づきを得られたかはわからないが、「これは指導に生かせる」「明日の練習から試してみよう!」と思うことが1つでもあれば、著者冥利《みょうり》に尽《つ》きるというものだ。

　最後になるが、本書の制作にあたり、多くの方々にご協力をいただいた。忙しい中、対談に協力してくれたキヨ、私の考えをうまく引き出してくれた株式会社日刊現代、同・廣済堂出版と関係スタッフの方々、そして野球界で出会った数多くの指導者、選手のみなさんにも感謝申し上げたい。

2021年3月　　　　　　内田順三

順位	二塁打	本数
1	立浪和義(中日)	487
2	福本　豊(阪急)	449
3	山内一弘(毎日・毎日大映→阪神→広島)	448
4	金本知憲(広島→阪神)	440
5	稲葉篤紀(ヤクルト→日本ハム)	429
6	王　貞治(巨人)	422
7	張本　勲(東映・日拓・日本ハム→巨人→ロッテ)	420
8	長嶋茂雄(巨人)	418
9	松井稼頭央(西武→米国→楽天→西武)	411
10	榎本喜八(毎日・毎日大映・東京・ロッテ→西鉄)	409
11	川上哲治(巨人)	408
12	松原　誠(大洋→巨人)	405
13	野村克也(南海→ロッテ→西武)	397
14	*福留孝介(中日→米国→阪神→中日※)	396
15	広瀬叔功(南海)	394
15	田中幸雄(日本ハム)	394
17	谷繁元信(大洋・横浜→中日)	393
18	福浦和也(ロッテ)	388
19	新井貴浩(広島→阪神→広島)	387
20	小笠原道大(日本ハム→巨人→中日)	385
21	門田博光(南海→オリックス→ダイエー)	383
22	小久保裕紀(ダイエー→巨人→ソフトバンク)	381
23	秋山幸二(西武→ダイエー)	377
24	*坂本勇人(巨人)	376
25	和田一浩(西武→中日)	375
26	衣笠祥雄(広島)	373
26	石井琢朗(大洋・横浜→広島)	373
28	山本浩二(広島)	372
29	山﨑裕之(東京・ロッテ→西武)	371
29	落合博満(ロッテ→中日→巨人→日本ハム)	371
31	古田敦也(ヤクルト)	368
32	加藤英司(阪急→広島→近鉄→巨人→南海)	367
32	井口資仁(ダイエー→米国→ロッテ)	367
34	*栗山　巧(西武)	366
35	中村紀洋(近鉄→米国→オリックス→中日→楽天→横浜・DeNA)	363
36	小玉明利(近鉄→阪神)	358
37	駒田徳広(巨人→横浜)	357
37	*内川聖一(横浜→ソフトバンク→ヤクルト※)	357
39	藤田　平(阪神)	355
39	若松　勉(ヤクルト)	355
39	山﨑武司(中日→オリックス→楽天→中日)	355
39	谷　佳知(オリックス→巨人→オリックス)	355
39	阿部慎之助(巨人)	355
44	前田智徳(広島)	353
45	堀　幸一(ロッテ)	351
46	*鳥谷　敬(阪神→ロッテ)	350
47	村田修一(横浜→巨人)	349
48	谷沢健一(中日)	348
49	高木守道(中日)	346
50	清原和博(西武→巨人→オリックス)	345

順位	安打	本数
1	張本　勲(東映・日拓・日本ハム→巨人→ロッテ)	3085
2	野村克也(南海→ロッテ→西武)	2901
3	王　貞治(巨人)	2786
4	門田博光(南海→オリックス→ダイエー)	2566
5	衣笠祥雄(広島)	2543
5	福本　豊(阪急)	2543
7	金本知憲(広島→阪神)	2539
8	立浪和義(中日)	2480
9	長嶋茂雄(巨人)	2471
10	土井正博(近鉄→太平洋・クラウン・西武)	2452
11	石井琢朗(大洋・横浜→広島)	2432
12	落合博満(ロッテ→中日→巨人→日本ハム)	2371
13	川上哲治(巨人)	2351
14	山本浩二(広島)	2339
15	榎本喜八(毎日・毎日大映・東京・ロッテ→西鉄)	2314
16	高木守道(中日)	2274
17	山内一弘(毎日・毎日大映→阪神→広島)	2271
18	大杉勝男(東映・日拓・日本ハム→ヤクルト)	2228
19	大島康徳(中日→日本ハム)	2204
20	新井貴浩(広島→阪神→広島)	2203
21	若松　勉(ヤクルト)	2173
22	*内川聖一(横浜→ソフトバンク→ヤクルト※)	2171
23	稲葉篤紀(ヤクルト→日本ハム)	2167
24	広瀬叔功(南海)	2157
24	秋山幸二(西武→ダイエー)	2157
26	宮本慎也(ヤクルト)	2133
27	阿部慎之助(巨人)	2132
28	清原和博(西武→巨人→オリックス)	2122
29	小笠原道大(日本ハム→巨人→中日)	2120
30	前田智徳(広島)	2119
31	谷繁元信(大洋・横浜→中日)	2108
32	中村紀洋(近鉄→米国→オリックス→中日→楽天→横浜・DeNA)	2101
33	古田敦也(ヤクルト)	2097
34	松原　誠(大洋→巨人)	2095
35	松井稼頭央(西武→米国→楽天→西武)	2090
35	*鳥谷　敬(阪神→ロッテ)	2090
37	山﨑裕之(東京・ロッテ→西武)	2081
38	藤田　平(阪神)	2064
39	谷沢健一(中日)	2062
40	江藤慎一(中日→ロッテ→大洋→太平洋→ロッテ)	2057
40	有藤道世(ロッテ)	2057
42	加藤英司(阪急→広島→近鉄→巨人→南海)	2055
43	和田一浩(西武→中日)	2050
44	荒木雅博(中日)	2045
45	小久保裕紀(ダイエー→巨人→ソフトバンク)	2041
46	新井宏昌(南海→近鉄)	2038
47	野村謙二郎(広島)	2020
48	柴田　勲(巨人)	2018
49	ラミレス(ヤクルト→巨人→DeNA)	2017
50	田中幸雄(日本ハム)	2012

2020年シーズン終了現在、*＝NPB(日本野球機構)現役選手
※＝2021年シーズンより

順位	本塁打	本数
1	王　貞治（巨人）	868
2	野村克也（南海→ロッテ→西武）	657
3	門田博光（南海→オリックス→ダイエー）	567
4	山本浩二（広島）	536
5	清原和博（西武→巨人→オリックス）	525
6	落合博満（ロッテ→中日→巨人→日本ハム）	510
7	張本　勲（東映・日拓・日本ハム→巨人→ロッテ）	504
7	衣笠祥雄（広島）	504
9	大杉勝男（東映・日拓・日本ハム→ヤクルト）	486
10	金本知憲（広島→阪神）	476
11	田淵幸一（阪神→西武）	474
12	土井正博（近鉄→太平洋・クラウン・西武）	465
13	ロ ー ズ（近鉄→巨人→オリックス）	464
14	長嶋茂雄（巨人）	444
15	秋山幸二（西武→ダイエー）	437
16	*中村剛也（西武）	424
17	小久保裕紀（ダイエー→巨人→ソフトバンク）	413
18	阿部慎之助（巨人）	406
19	中村紀洋（近鉄→米国→オリックス→中日→楽天→横浜・DeNA）	404
20	山﨑武司（中日→オリックス→楽天→中日）	403
21	山内一弘（毎日・毎日大映→阪神→広島）	396
22	大島康徳（中日→日本ハム）	382
22	原　辰徳（巨人）	382
24	ラミレス（ヤクルト→巨人→DeNA）	380
25	小笠原道大（日本ハム→巨人→中日）	378
26	江藤慎一（中日→ロッテ→大洋→太平洋→ロッテ）	367
27	江藤　智（広島→巨人→西武）	364
28	村田修一（横浜→巨人）	360
29	カブレラ（西武→オリックス→ソフトバンク）	357
30	松中信彦（ダイエー・ソフトバンク）	352
31	掛布雅之（阪神）	349
32	有藤道世（ロッテ）	348
33	加藤英司（阪急→広島→近鉄→巨人→南海）	347
34	長池徳士（阪急）	338
34	宇野　勝（中日→ロッテ）	338
36	松井秀喜（巨人→米国）	332
37	松原　誠（大洋→巨人）	331
38	高橋由伸（巨人）	321
39	和田一浩（西武→中日）	319
39	新井貴浩（広島→阪神→広島）	319
41	広澤克実（ヤクルト→巨人→阪神）	306
42	池山隆寛（ヤクルト）	304
43	*バレンティン（ヤクルト→ソフトバンク）	297
44	前田智徳（広島）	295
45	真弓明信（太平洋・クラウン→阪神）	292
46	田中幸雄（日本ハム）	287
46	*松田宣浩（ソフトバンク）	287
48	木俣達彦（中日）	285
49	リ ー（ロッテ）	283
50	藤井康雄（阪急・オリックス）	282

順位	三塁打	本数
1	福本　豊（阪急）	115
2	毒島章一（東映）	106
3	金田正泰（阪神）	103
4	川上哲治（巨人）	99
5	広瀬叔功（南海）	88
6	呉　昌征（巨人→阪神→毎日）	81
6	中　暁生（中日）	81
8	長嶋茂雄（巨人）	74
9	張本　勲（東映・日拓・日本ハム→巨人→ロッテ）	72
10	吉田義男（阪神）	70
11	飯田徳治（南海→国鉄）	67
12	大下　弘（セネタース・東急・急映・東急→大洋→西鉄）	66
12	蔭山和夫（南海）	66
12	村松有人（ダイエー→オリックス→ソフトバンク）	66
15	新井宏昌（南海→近鉄）	65
15	川﨑宗則（ダイエー・ソフトバンク→米国→ソフトバンク）	65
15	松井稼頭央（西武→米国→楽天→西武）	65
18	藤村富美男（阪神）	63
18	大石大二郎（近鉄）	63
18	小坂　誠（ロッテ→巨人→楽天）	63
18	*松田宣浩（ソフトバンク）	63
22	小鶴　誠（名古屋→急映→大映→松竹→広島）	62
22	柴田　勲（巨人）	62
24	白石勝巳（巨人→パシフィック→巨人→広島）	58
24	坪内道典（大東京・ライオン・朝日→ゴールドスター・金星→中日）	58
24	川合幸三（阪急）	58
24	秋山翔吾（西武→米国）	58
28	髙橋慶彦（広島→ロッテ→阪神）	57
29	古川清蔵（名古屋・中部日本→阪急）	55
29	田宮謙次郎（大阪→毎日大映）	55
29	高木守道（中日）	55
29	松永浩美（阪急・オリックス→阪神→ダイエー）	55
33	堀井数男（南海・近畿日本・グレートリング・南海）	54
33	山内一弘（毎日・毎日大映→阪神→広島）	54
33	*坂口智隆（近鉄・オリックス→ヤクルト）	54
36	木塚忠助（南海→近鉄）	53
37	千葉　茂（巨人）	52
37	土井垣武（大阪・阪神→毎日→東映→阪急）	52
37	藤井 勇（大阪・阪神→パシフィック・太陽・大陽→大洋・大洋松竹・洋松・大洋）	52
37	バルボン（阪急→近鉄）	52
41	戸倉勝城（毎日→阪急）	51
41	山﨑裕之（東京・ロッテ→西武）	51
43	藤田　平（阪神）	50
43	石井琢朗（大洋・横浜→広島）	50
43	*福留孝介（中日→米国→阪神→中日※）	50
46	坂本文次郎（大映→大毎）	49
46	島田　誠（日本ハム→ダイエー）	49
46	稲葉篤紀（ヤクルト→日本ハム）	49
46	*鳥谷　敬（阪神→ロッテ）	49
50	安居玉一（阪神・大阪→大洋→国鉄→近鉄→大映）	48

順位	打点	打点数
1	王 貞治(巨人)	2170
2	野村克也(南海→ロッテ→西武)	1988
3	門田博光(南海→オリックス→ダイエー)	1678
4	張本 勲(東映・日拓・日本ハム→巨人→ロッテ)	1676
5	落合博満(ロッテ→中日→巨人→日本ハム)	1564
6	清原和博(西武→巨人→オリックス)	1530
7	長嶋茂雄(巨人)	1522
8	金本知憲(広島→阪神)	1521
9	大杉勝男(東映・日拓・日本ハム→ヤクルト)	1507
10	山本浩二(広島)	1475
11	衣笠祥雄(広島)	1448
12	土井正博(近鉄→太平洋・クラウン・西武)	1400
13	中村紀洋(近鉄→米国→オリックス→中日→楽天→横浜・DeNA)	1348
14	川上哲治(巨人)	1319
15	秋山幸二(西武→ダイエー)	1312
16	小久保裕紀(ダイエー→巨人→ソフトバンク)	1304
17	新井貴浩(広島→阪神→広島)	1303
18	山内一弘(毎日・毎日大映→阪神→広島)	1286
19	阿部慎之助(巨人)	1285
20	ラミレス(ヤクルト→巨人→DeNA)	1272
21	ロ ー ズ(近鉄→巨人→オリックス)	1269
22	加藤英司(阪急→広島→近鉄→巨人→南海)	1268
23	大島康徳(中日→日本ハム)	1234
24	山﨑武司(中日→オリックス→楽天→中日)	1205
25	*中村剛也(西武)	1197
26	江藤慎一(中日→ロッテ→大洋→太平洋→ロッテ)	1189
27	松原 誠(大洋→巨人)	1180
28	小笠原道大(日本ハム→巨人→中日)	1169
29	松中信彦(ダイエー・ソフトバンク)	1168
30	田淵幸一(阪神→西武)	1135
31	藤村富美男(阪神)	1126
32	村田修一(横浜→巨人)	1123
33	前田智徳(広島)	1112
34	原 辰徳(巨人)	1093
35	和田一浩(西武→中日)	1081
36	有藤道世(ロッテ)	1061
37	*福留孝介(中日→米国→阪神→中日※)	1057
38	稲葉篤紀(ヤクルト→日本ハム)	1050
39	谷繁元信(大洋・横浜→中日)	1040
40	立浪和義(中日)	1037
41	青田 昇(巨人→阪急→巨人→大洋松竹・洋松・大洋→阪急)	1034
42	田中幸雄(日本ハム)	1026
43	江藤 智(広島→巨人→西武)	1020
44	掛布雅之(阪神)	1019
45	井口資仁(ダイエー→米国→ロッテ)	1017
46	古田敦也(ヤクルト)	1009
47	高橋由伸(巨人)	986
48	山﨑裕之(東京・ロッテ→西武)	985
49	広澤克実(ヤクルト→巨人→阪神)	985
50	榎本喜八(毎日・毎日大映・東京・ロッテ→西鉄)	979

順位	塁打 ・単打×1+二塁打×2+三塁打×3+本塁打×4	塁打数
1	王 貞治(巨人)	5862
2	野村克也(南海→ロッテ→西武)	5315
3	張本 勲(東映・日拓・日本ハム→巨人→ロッテ)	5161
4	門田博光(南海→オリックス→ダイエー)	4688
5	金本知憲(広島→阪神)	4481
6	衣笠祥雄(広島)	4474
7	長嶋茂雄(巨人)	4369
8	山本浩二(広島)	4361
9	落合博満(ロッテ→中日→巨人→日本ハム)	4302
10	土井正博(近鉄→太平洋・クラウン・西武)	4178
11	清原和博(西武→巨人→オリックス)	4066
12	大杉勝男(東映・日拓・日本ハム→ヤクルト)	4030
13	山内一弘(毎日・毎日大映→阪神→広島)	4015
14	秋山幸二(西武→ダイエー)	3927
15	福本 豊(阪急)	3846
16	阿部慎之助(巨人)	3723
17	大島康徳(中日→日本ハム)	3716
18	小久保裕紀(ダイエー→巨人→ソフトバンク)	3709
19	中村紀洋(近鉄→米国→オリックス→中日→楽天→横浜・DeNA)	3702
20	小笠原道大 (日本ハム→巨人→中日)	3687
21	新井貴浩(広島→阪神→広島)	3591
22	立浪和義(中日)	3556
23	榎本喜八(毎日・毎日大映・東京・ロッテ→西鉄)	3555
24	加藤英司(阪急→広島→近鉄→巨人→南海)	3537
25	松原 誠(大洋→巨人)	3523
26	有藤道世(ロッテ)	3521
27	ロ ー ズ(近鉄→巨人→オリックス)	3509
27	ラミレス(ヤクルト→巨人→DeNA)	3509
29	川上哲治(巨人)	3500
30	稲葉篤紀(ヤクルト→日本ハム)	3477
31	江藤慎一(中日→ロッテ→大洋→太平洋→ロッテ)	3462
32	和田一浩(西武→中日)	3456
33	高木守道(中日)	3438
34	山﨑武司(中日→オリックス→楽天→中日)	3426
35	前田智徳(広島)	3391
36	山﨑裕之(東京・ロッテ→西武)	3364
37	田中幸雄(日本ハム)	3333
38	村田修一(横浜→巨人)	3314
39	谷沢健一(中日)	3279
40	若松 勉(ヤクルト)	3274
41	*福留孝介(中日→米国→阪神→中日※)	3248
42	松井稼頭央(西武→米国→楽天→西武)	3234
43	谷繁元信(大洋・横浜→中日)	3228
44	石井琢朗(大洋・横浜→広島)	3211
45	松中信彦(ダイエー・ソフトバンク)	3183
46	古田敦也(ヤクルト)	3154
47	田淵幸一(阪神→西武)	3145
48	原 辰徳(巨人)	3144
49	藤田 平(阪神)	3140
50	広瀬叔功(南海)	3120

2020年シーズン終了現在、*=NPB(日本野球機構)現役選手
※=2021年シーズンより

順位	犠飛	率
1	野村克也 (南海→ロッテ→西武)	113
2	加藤英司 (阪急→広島→近鉄→巨人→南海)	105
3	王 貞治 (巨人)	100
4	門田博光 (南海→オリックス→ダイエー)	95
5	長嶋茂雄 (巨人)	90
5	張本 勲 (東映・日拓・日本ハム→巨人→ロッテ)	90
7	山内一弘 (毎日→毎日・大映→阪神→広島)	88
7	落合博満 (ロッテ→中日→巨人→日本ハム)	88
9	大杉勝男 (東映・日拓・日本ハム→ヤクルト)	86
10	新井貴浩 (広島→阪神→広島)	81
11	山本浩二 (広島)	79
12	土井正博 (近鉄→太平洋・クラウン・西武)	78
12	福浦和也 (ロッテ)	78
14	大島康徳 (中日→日本ハム)	74
15	金本知憲 (広島→阪神)	72
16	松原 誠 (大洋→巨人)	70
16	原 辰徳 (巨人)	70
18	立浪和義 (中日)	69
18	阿部慎之助 (巨人)	69
18	*内川聖一 (横浜→ソフトバンク→ヤクルト※)	69
21	長池徳士 (阪急)	68
22	榎本喜八 (毎日・大映・東京・ロッテ→西鉄)	67
22	江藤慎一 (中日→ロッテ→大洋→太平洋→ロッテ)	67
22	新井宏昌 (南海→近鉄)	67
25	清原和博 (西武→巨人→オリックス)	66
26	*中田 翔 (日本ハム)	65
27	松中信彦 (ダイエー・ソフトバンク)	64
27	*福留孝介 (阪神→米国→阪神→中日※)	64
29	小久保裕紀 (ダイエー→巨人→ソフトバンク)	63
29	和田一浩 (西武→中日)	63
29	*中島宏之 (西武→米国→オリックス→巨人)	63
32	羽田耕一 (近鉄)	62
32	谷繁元信 (大洋・横浜→中日)	62
32	村田修一 (横浜→巨人)	62
35	秋山幸二 (西武→ダイエー)	61
35	ラミレス (ヤクルト→巨人→DeNA)	61
37	伊東 勤 (西武)	60
37	古田敦也 (ヤクルト)	60
37	今江年晶 (ロッテ→楽天)	60
37	*栗山 巧 (西武)	60
41	山崎裕之 (東京・ロッテ→西武)	59
41	田中幸雄 (日本ハム)	59
41	初芝 清 (ロッテ)	59
44	堀 幸一 (ロッテ)	58
44	前田智徳 (広島)	58
44	サブロー (ロッテ→巨人→ロッテ)	58
44	井口資仁 (ダイエー→米国→ロッテ)	58
48	山﨑武司 (中日→オリックス→楽天→中日)	57
49	若松 勉 (ヤクルト)	56
49	岡田彰布 (阪神)	56

順位	打率 (4000打数以上)	率
1	*青木宣親 (ヤクルト→米国→ヤクルト)	.325
2	リー (ロッテ)	.320
3	若松 勉 (ヤクルト)	.31918
4	張本 勲 (東映・日拓→日本ハム→巨人→ロッテ)	.31915
5	ブーマー (阪急→オリックス→ダイエー)	.317
6	川上哲治 (巨人)	.313
7	与那嶺要 (巨人→中日)	.3110
8	落合博満 (ロッテ→中日→巨人→日本ハム)	.3108
9	小笠原道大 (日本ハム→巨人→中日)	.3104
10	レオン (中日→大洋→ヤクルト)	.307
11	中西 太 (西鉄)	.306
12	長嶋茂雄 (巨人)	.305
13	篠塚和典 (巨人)	.3043
14	松井秀喜 (巨人→米国)	.3040
15	鈴木尚典 (横浜)	.3034
16	カブレラ (西武→オリックス→ソフトバンク)	.3033
17	*内川聖一 (横浜→ソフトバンク→ヤクルト※)	.3031
18	大下 弘 (セネタース・東急・急映→東急→大洋)	.3030
19	和田一浩 (西武→中日)	.3029
20	谷沢健一 (中日)	.3024
21	前田智徳 (広島)	.3023
22	王 貞治 (巨人)	.301
23	ラミレス (ヤクルト→巨人→DeNA)	.3006
24	秋山翔吾 (西武→米国)	.3005
25	*糸井嘉男 (日本ハム→オリックス→阪神)	.3001
26	藤岡富美男 (阪神)	.299
27	榎本喜八 (毎日・大映・東京・ロッテ→西鉄)	.298
28	加藤英司 (阪急→広島→近鉄→巨人→南海)	.2972
29	谷 佳知 (オリックス→巨人→オリックス)	.2969
30	田宮謙次郎 (大阪→毎日大映)	.2968
31	髙木 豊 (大洋・横浜→日本ハム)	.2967
32	松中信彦 (ダイエー・ソフトバンク)	.2962
33	城島健司 (ダイエー・ソフトバンク→米国→阪神)	.2956
34	山内一弘 (毎日→毎日・大映→阪神→広島)	.2948
35	赤星憲広 (阪神)	.2946
36	*中島宏之 (西武→米国→オリックス→巨人)	.2944
37	古田敦也 (ヤクルト)	.2936
38	松永浩美 (阪急・オリックス→阪神→ダイエー)	.2933
39	*坂本勇人 (巨人)	.2923
40	川﨑宗則 (ダイエー・ソフトバンク→米国→ソフトバンク)	.2921
41	掛布雅之 (阪神)	.2919
42	和田 豊 (阪神)	.2911
43	髙橋由伸 (巨人)	.2908
44	福本 豊 (阪急)	.2907
45	新井宏昌 (南海→近鉄)	.29069
46	松井稼頭央 (西武→米国→楽天→西武)	.29068
47	山本浩二 (広島)	.2904
48	中畑 清 (巨人)	.29026
49	岩村明憲 (ヤクルト→米国→楽天→ヤクルト)	.29024
50	門田博光 (南海→オリックス→ダイエー)	.2893

巻末付録 内田順三 現役時の年度別13年間の打撃成績&主要記録

年度別打撃成績(一軍)

年度	チーム	試合	打席	打数	得点	安打	二塁打	三塁打	本塁打	塁打	打点	盗塁	盗塁刺	犠打	犠飛	四球	死球	三振	併殺打	打率	出塁率	長打率
1970	ヤクルト	67	145	131	7	15	3	0	0	18	3	0	2	6	0	8	0	30	2	.115	.165	.137
1971	ヤクルト	102	285	251	28	77	12	2	3	102	21	7	7	4	1	25	4	36	1	.307	.377	.406
1972	ヤクルト	84	215	184	22	41	9	0	4	62	27	9	7	13	0	14(1)	4	27	7	.223	.292	.337
1973	ヤクルト	93	248	219	21	60	13	1	1	78	19	3	5	5	5	19(2)	0	19	4	.274	.325	.356
1974	ヤクルト	95	244	202	24	45	8	2	4	69	21	3	5	8	2	28(2)	4	25	5	.223	.326	.342
1975	日本ハム	108	367	324	31	84	6	4	3	107	23	12	7	10	2	30	1	41	6	.259	.322	.330
1976	日本ハム	101	293	258	34	62	13	4	4	95	21	4	4	2	3	26(2)	4	16	4	.240	.316	.368
1977	広島	80	139	121	16	40	2	0	4	54	24	1	0	1	2	15	0	16	5	.331	.399	.446
1978	広島	68	112	98	15	32	7	1	0	41	11	0	0	0	2	12	0	9	4	.327	.393	.418
1979	広島	67	67	58	4	11	1	0	1	15	8	0	0	0	1	6(2)	2	6	1	.190	.284	.259
1980	広島	65	67	61	3	16	4	0	1	23	4	0	0	0	0	6	0	8	3	.262	.328	.377
1981	広島	15	15	13	2	1	1	0	0	2	0	0	0	0	0	2	0	2	2	.077	.200	.154
1982	広島	5	5	5	0	1	0	0	0	1	0	0	0	0	0	0	0	0	1	.200	.200	.200
通算		950	2202	1925	207	485	79	14	25	667	182	39	37	49	18	191(9)	19	235	45	.252	.323	.346

※カッコ内は故意四球(敬遠)

タイトル・表彰・個人記録

初出場――1970年4月15日、対大洋2回戦(神宮球場)、7回裏に代打で出場

初安打――1970年4月21日、対巨人1回戦(後楽園球場)、8回表に代打で出場、堀内恒夫《つねお》から二塁打

初先発出場―1970年4月22日、対巨人2回戦(後楽園球場)、1番ライトで先発出場

初打点――1970年9月6日、対巨人24回戦(神宮球場)、7回裏に城之内《じょうのうち》邦雄《くにお》からピッチャーゴロのあいだに記録

初本塁打――1971年5月25日、対広島6回戦(神宮球場)、4回裏に大石弥太郎《やたろう》からライト越えソロ

巻末付録 内田順三 指導者としての年度別37年間の経歴

年度	チーム	内田順三 肩書	一軍監督	順位	二軍監督	順位	主な指導選手
1983	広島	二軍打撃コーチ補佐	古葉竹識	2	阿南準郎	3	高橋慶彦、小早川毅彦、長嶋清幸、正田耕三、山崎隆造※、西田真二、高信二、緒方孝市、野村謙二郎、江藤智、前田智徳、金本知憲、町田公二郎
1984	広島	一軍打撃コーチ	古葉竹識	1	藤井博	2	
1985	広島	↓	古葉竹識	2	藤井博	1	
1986	広島	↓	阿南準郎	1	藤井博	3	
1987	広島	↓	阿南準郎	3	藤井博	3	
1988	広島	二軍打撃コーチ	阿南準郎	3	藤井博	5	
1989	広島	↓	山本浩二	2	中登志雄	5	
1990	広島	↓	山本浩二	2	中登志雄	5	
1991	広島	↓	山本浩二	1	三村敏之	1	
1992	広島	↓	山本浩二	4	三村敏之	6	
1993	広島	↓	山本浩二	6	三村敏之	5	
1994	巨人	二軍打撃コーチ	長嶋茂雄	1	末次利光	1	元木大介、緒方耕一、松井秀喜、吉岡雄二、仁志敏久、清原和博、鈴木尚広、清水隆行、高橋由伸、二岡智宏、阿部慎之助
1995	巨人	↓	長嶋茂雄	3	松本匡史	1	
1996	巨人	↓	長嶋茂雄	1	松本匡史	2	
1997	巨人	↓(途中まで) 一軍打撃コーチ(途中から)	長嶋茂雄	4	松本匡史	3	
1998	巨人	二軍打撃コーチ	長嶋茂雄	3	高田繁	2	
1999	巨人	一軍打撃コーチ	長嶋茂雄	2	高田繁	2	
2000	巨人	↓	長嶋茂雄	1	高田繁	1	
2001	巨人	↓	長嶋茂雄	2	高田繁	2	
2002	巨人	↓	原辰徳	1	淡口憲治	3	
2003	広島	一軍打撃コーチ	山本浩二	5	木下富雄	2	嶋重宣、新井貴浩、東出輝裕、栗原健太
2004	広島	↓	山本浩二	5	木下富雄	4	
2005	広島	↓	山本浩二	6	木下富雄	4	
2006	巨人	一軍打撃コーチ	原辰徳	4	吉村禎章	3	矢野謙次、坂本勇人
2007	巨人	↓	原辰徳	1	吉村禎章	1	
2008	広島	打撃統括コーチ	ブラウン	4	山崎立翔※	3	梵英心、丸佳浩、菊池涼介、安部友裕、岩本貴裕、堂林翔太、松山竜平、鈴木誠也、田中広輔
2009	広島	↓	ブラウン	5	山崎立翔	5	
2010	広島	↓	野村謙二郎	5	山崎立翔	5	
2011	広島	二軍打撃チーフコーチ	野村謙二郎	5	山崎立翔	5	
2012	広島	二軍監督	野村謙二郎	4	内田順三	3	
2013	広島	↓	野村謙二郎	3	内田順三	2	
2014	広島	↓	野村謙二郎	3	内田順三	2	
2015	巨人	二軍打撃コーチ	原辰徳	2	岡崎郁	1	岡本和真、山本泰寛、重信慎之介、吉川尚輝、田中俊太
2016	巨人	一軍打撃コーチ	高橋由伸	2	斎藤雅樹	1	
2017	巨人	巡回打撃コーチ(途中まで) 二軍監督(途中から)	高橋由伸	4	斎藤雅樹 内田順三	1	
2018	巨人	二軍打撃コーチ	高橋由伸	3	川相昌弘	1	
2019	巨人	巡回打撃コーチ	原辰徳	1	高田誠	4	

※山崎立翔《りゅうぞう》は、2003〜11年の山崎隆造の登録名

[著者プロフィール]

内田順三　Junzo Uchida

1947年9月10日生まれ、静岡県三島市生まれ、清水市(現・静岡市清水区)出身。東海大学第一高校(現・東海大学付属静岡翔洋《しょうよう》高校)、駒澤《こまざわ》大学を経て、69年オフのドラフトでヤクルトアトムズに8位指名され、入団。外野手、左投左打。選手としての経歴は、ヤクルトアトムズ・スワローズ(70〜74年)−日本ハムファイターズ(75〜76年)−広島東洋カープ(77〜82年)。シュアな打撃を持ち味にして貴重な戦力となり、若手・中堅時代はレギュラー争いを繰り広げる。現役後半の広島時代は、おもに代打の切り札として活躍。選手としての13年間の通算成績は、950試合出場、打率.252、182打点、25本塁打。引退後、すぐにコーチとなり、広島と読売ジャイアンツで交互に指導にあたり続ける。広島(83〜93年、2003〜05年、08〜14年、計21年間)では、二軍打撃コーチ補佐、一軍打撃コーチ、打撃統括コーチ、二軍打撃チーフコーチ、二軍監督を務め、正田耕三《しょうだこうぞう》、野村謙二郎《けんじろう》、金本知憲《かねもとともあき》、緒方孝市《おがたこういち》、前田智徳《とものり》、嶋重宣《しましげのぶ》、新井貴浩《たかひろ》、丸佳浩《まるよしひろ》、菊池涼介《りょうすけ》、堂林翔太《どうばやししょうた》、鈴木誠也《せいや》など、多くの才能を開花させる。巨人(94〜02年、06〜07年、15〜19年、計16年間)では、一軍打撃コーチ、二軍打撃コーチ、巡回打撃コーチ、二軍監督を歴任。松井秀喜《ひでき》、高橋由伸《よしのぶ》、阿部慎之助《しんのすけ》、坂本勇人《はやと》、岡本和真《かずま》など、大打者を多数生み出した。現役スタート時の70年からコーチを勇退する19年まで、ちょうど半世紀(50年間)の長きにわたり、プロ野球チームのユニフォームを着続けたことになる。20年から、JR東日本硬式野球部の外部コーチ、21年4月からは同野球部のアドバイザーを務める。その傍《かたわ》ら、デイリースポーツウェブの野球評論家としても活動している。

[対談パートナー プロフィール]

清原和博　Kazuhiro Kiyohara

1967年8月18日、大阪府岸和田《きしわだ》市出身。PL学園高校−西武ライオンズ(86〜96年)−読売ジャイアンツ(97〜2005年)−オリックス・バファローズ(06〜08年)。内野手、右投右打。PL学園高校で1年から4番打者を務め、一躍脚光を浴びる。5季連続で甲子園大会に出場し、優勝2回、準優勝2回。甲子園での通算13本塁打は、歴代最多記録。85年オフのドラフトで西武から1位指名され入団すると、1年目の86年に本塁打31本を放《はな》ち、高卒新人記録を更新。以降も西武黄金時代の主砲として、6度の日本一に貢献した。97年に巨人へFA(フリーエージェント)移籍し、99年春の宮崎キャンプのころから、内田順三の指導を受ける。06年にオリックスに移籍するが、左ヒザのケガに悩まされ、08年に現役を引退。23年間(07年は一軍不出場のため、実働《じつどう》22年間)の通算成績は、2338試合出場、打率.272、1530打点(歴代6位)、525本塁打(歴代5位)。19年11月、プロ入団希望者を対象とした「ワールドトライアウト2019」で監督を務めたほか、少年少女への指導にも力を注《そそ》いでいる。20年12月には、YouTube「清《きよ》ちゃんスポーツ」の配信をスタートさせた。

MASTERS METHOD

打てる、伸びる! 逆転の育成法

「脱・常識」の打撃開花術&心のケア・名選手成長秘話

2021年4月1日　第1版第1刷

著者　内田順三

対談協力　清原和博

企画・プロデュース　寺崎江月(株式会社 no.1)
構成　増田和史(株式会社 日刊現代)　大利実
撮影　小池義弘(私服・対談写真)
写真協力　デイリースポーツ(カバー上・P111の鈴木誠也写真)　東京スポーツ新聞社(P149写真)
日刊現代(カバー下の岡本和真ほかユニフォーム・バット・手帳写真など)
産経新聞社・スポーツニッポン新聞社(その他ユニフォーム写真など)
装丁・本文デザイン　二宮貴子(jam succa)
デザイン協力　大坂智(有限会社PAIGE)　南千賀
DTP　株式会社 三協美術
編集協力　長岡伸治(株式会社 プリンシパル)　浅野博久(株式会社 ギグ)
根本明　松本恵
編集　岩崎隆宏(廣済堂出版)

発行者　伊藤岳人
発行所　株式会社 廣済堂出版
〒101-0052 東京都千代田区神田小川町2-3-13 M&Cビル7F
電 話　編集 03-6703-0964／販売 03-6703-0962
FAX　販売 03-6703-0963
振 替　00180-0-164137
URL　https://www.kosaido-pub.co.jp
印刷所・製本所　株式会社 廣済堂

*本書は、『日刊ゲンダイ』(株式会社日刊現代)2020年1月7日号(6日発行)～4月11日号(10日発行)に掲載された『ユニホーム着続け50年 巨人 広島 名伯楽・内田順三の「作る・育てる・生かす」』と、2019年11月8・9日号(7・8日発行)に掲載された『指導者歴37年 伝説のコーチ 内田順三氏が初激白 上・下』をもとに、大幅に加筆・修正・データ更新し、対談、巻末付録等も新たに加え、再構成したものです。

ISBN978-4-331-52323-0　C0075

廣済堂出版の野球関連書籍　好評既刊

マスターズメソッド シリーズ

アライバの鉄則

史上最高コンビの守備・攻撃論&プレー実践法・野球道・珠玉の対談

井端弘和 荒木雅博 著

日本一の二遊間コンビ初の共著。守備、打撃・機動力の秘訣、対談も。

内野守備の新常識

4ポジションの鉄則・逆説&バッテリー・外野・攻撃との関係

井端弘和 著

内野全ポジションをこなした名手の驚きの守備理論。鳥谷敬と対談。

捕手的視点で勝つ

役立つキャッチャー思考・技術&他ポジション・攻撃への活用法

里崎智也 著

すべてに役立つ捕手の力を、攻守・解説の異才が詳解。森友哉と対談。

頭脳の盗塁術

走りのプロの技術・戦略&バッテリーとの心理戦対策

赤星憲広 著

プロ入り5年連続盗塁王が、頭で走る盗塁術を公開。西川遥輝と対談。

打撃力アップの極意

技術・メンタルの高め方&打撃開眼・投手攻略の秘策

立浪和義 著

様々な歴代打撃記録で上位の著者のバッティング論。坂本勇人と対談。

野球センスの極意

走攻守・バッテリー能力&マルチなセンスの磨き方

立浪和義 著

「野球センス」が代名詞の著者。鈴木誠也、金子千尋、赤星憲広と対談。

二遊間の極意

コンビプレー・併殺の技&他選手・攻撃との関係性

立浪和義 著

二遊間などで活躍した著者。菊池涼介、今宮健太、井端弘和との対談も。

長打力を高める極意

強く飛ばすプロの技術&投手・球種別の攻略法

立浪和義 著

日本プロ野球最多二塁打記録保持者の長打論。高橋由伸との対談つき。

攻撃的守備の極意

ポジション別の鉄則&打撃にも生きるヒント

立浪和義 著

3ポジションでゴールデングラブ賞の著者の守備論。宮本慎也と対談。